選び方、育て方～花言葉までぜんぶわかる！

決定版 よくわかる観葉植物

佐藤桃子（アンドプランツ）

日東書院

はじめに

この本を手に取ってくださりありがとうございます。
本書は観葉植物が気になる、もっと知りたいという方にぴったりの一冊です。
まずは、ゆっくり眺めてみてください。

観葉植物はそれぞれが独自の性質や見た目を持つ、とてもユニークなアイテムです。
人により、ひとつひとつ見どころや好きなポイントも違います。そんな観葉植物の魅力と
育てる楽しさを知ってほしいという気持ちで、本書をまとめました。
選び方、育て方はもちろん、風水や花言葉、小さな疑問にも焦点を当てているので、だれ
にとっても、「育てたい」と思ったときに頼りになる一冊です。品種ごとにお手入れのポ
イントをまとめていますが、誌面に入り切れなかった詳細な育て方や花言葉などのミニ情
報は、スマートフォンでも見られるようにQRコードを入れました。ぜひ、参考にしてみ
てください。

**部屋に植物が増えることは、窓がひとつ増えること**

部屋に植物が増えることは、まるで窓が増えるようなものだと思っています。
窓の外に広がる木々のように日々姿を変える観葉植物は、部屋にひとつ存在することで
"眺め"が増え、育っていく景色を楽しむことができます。
良い眺めは飽きません。植物がお部屋にあるだけで、ゆったりと椅子に腰掛けて、時間を
忘れて眺めていたくなるような素敵な景色が広がります。

**観葉植物との出会いは一期一会**

観葉植物のシルエットや葉の形は、品種や生産者の仕立てによってさまざまです。

街中で見ることができる植物たちは、こだわりを持って丁寧に育てられた株ばかり。生産者たちは日々、葉っぱの緑色を美しく出せるようトライアンドエラーを繰り返したり、こだわりの曲げ樹形を何年もかけて仕立てたりと、本当に手をかけ愛情をかけて観葉植物を送り出しています。ひとつとして同じものは存在しません。

そうしてショップにたくさん並べられた観葉植物たちの中で、もしも、「これだ！」という出会いがあったら、ぜひ、あなたの家に家族として迎え入れてあげてください。

## 大きな心で、どーんとかまえて育てよう

観葉植物は人間と同じ生きものなので、「毎日健康！」というわけにはいかないかもしれません。人が風邪を引いたり食べ過ぎて気持ち悪くなったりするのと同じで、観葉植物も水が足りなければ葉先を茶色く枯らすし、栄養が足りなくなれば葉の色が薄くなります。でも、そうしたシグナルや、どのように対処するかを知っていればまずは大丈夫です。

観葉植物と暮らすうえでいちばん大切なのは、枯らさないように不安な気持ちで恐る恐る育てるのではなく、大きな心で、どーんとかまえてゆったりと自分のペースで育てること。

ぜひ怖がらずに育てていただき、生命力あふれる姿や新芽のかわいらしさに触れていただきたいです。

一緒にはじめましょう。観葉植物との暮らし！

佐藤桃子

CONTENTS

CONTENTS

# 達人に学ぶ観葉植物のある暮らし
# 素敵ポイント

観葉植物を上手に取り入れて、豊かな時間を過ごしている達人たちの実例を紹介します。
観葉植物の魅力を引き立てる組み合わせ方やコーナーの作り方などの
素敵ポイントを、ぜひチェックしてみてください。

### 曽我広範 さん

曽我広範さんは、インテリアショップACTUS（アクタス）、インテリアグリーンのブランドNODERIUMのグリーンバイヤーとして、買い付け、売り場のディレクションを手掛けています。観葉植物を飾るときに心掛けているのは、部屋がジャングルっぽくなり過ぎないようにインテリアと調和させること。公私ともに植物と暮らす曽我さん。プロならではの居心地の良い部屋の作り方を学ぶことができます。
Instagram：https://www.instagram.com/noderium/
HP：https://www.actus-interior.com/noderium/

**1**

丸型をテーマにした棚。丸葉のペペロミオイデス、絵柄、マクラータのドット柄。ポスターの赤とマクラータの裏葉の色の赤もつながっているところに、こだわりを感じます。

鉢の色に迷ったら、白壁に合わ
せやすいグレーや白から手に取
るとインテリアに馴染みやすい。
違うカラーを組み合わせるとき
は、色のトーンを合わせるのも
コツだそう。

鉢の素材をセメントや陶器を中心に揃えたコーナー。全体を素材でリンクさせることを意識しコーディネート。

左／ユニークなインテリアと合わせてちょっとした小鉢を楽しんでいる。右／大きく育ったアムステルダムキング。

POINT

植物を散らして置くと水やりが
たいへんなので、その鉢の大き
さに合った器やジョウロを近く
に置いておく。そうすると気づ
いたときに水やりができて安心
だそう。真似したいアイデア。

上／小窓から薄日が差し込むキッチンには、
薄日を好むリーフ系を。棚上のグラスが水や
り道具に。左／シダ類を集めたスポット。好
む環境や水やりの頻度が近い植物を集めてお
くと管理もしやすい。

1

## 2

上／大きく広がる窓から明るい光が差し込むリビング。下／キッチン横のドアから風を入れ、植物が育ちやすい環境に。棚奥のドラセナも元気に育つ。

### 松本倫英子さん

花と緑のD2Cサイト「アンドプランツ」のWEB制作と雑貨バイヤーのアシスタントをしている松本さん。もともとアンティーク家具の収集やインテリアが好きで、アイテムのひとつとして観葉植物を取り入れたところ、魅力や育てる楽しみに気づきどんどん増えていったそう。今ではインテリアコーディネーターの資格も取得し、観葉植物を取り入れたコーディネートをますます楽しんでいます。丁寧に好みのものを探しコツコツとアイテムを増やしながら育てていく空間は、居心地が良く優しい時間が流れていました。
Instagram：https://www.instagram.com/triomocotooo/

### POINT

〰〰〰〰〰〰〰

春〜秋は屋外に出して株を元気に。植物を入れ替えながら、葉焼けしないよう様子を見ながら外に出すのがポイント。

11

上／外のプランターは、自社ブランドで扱う「Ecopots」を使用。軽量なのにリッチな質感で、グレーの色味も複数あるところがお気に入りだそう。ブリキの鉢との相性も良い。左端のシェルフには集めた陶器鉢などを収納。右／シェルフの上段にはお気に入りのジョウロや日光浴中の観葉植物が並びます。

**2**

### POINT

松本さんのお部屋には、至る所にハンギングフックが。模様替えの際も場所をずらして飾ることで部屋の雰囲気がガラッと変わるのだそう。

左／友人から株分けしてもらったというビカクシダ。こうした交流も育てる楽しみのひとつ。下／ウツボカズラ。ハンギングプランターは好みのデザインとサイズが合うものを見つけるのが難しい。これだというものを見つけたときの嬉しさはひとしおとか。

ウンベラータは「長男が産まれたときに買ったもの」とのこと。15号の大株に育ちメインツリーになりました。上部に葉が集中しているため意外と邪魔にならないそう。

## かいさん

2021年よりインスタグラム「botanical_vlog」をスタートし、わずか2年でフォロワー数は15万人。農業高校で学んだ経験と植物好きならではのわかりやすい情報やちょっとした育て方のアイデアが支持を集めています。「値段や流行りもある程度は大事だと思うんですけれど、見ていて自分の心がときめく樹形や、魅力ある佇まいのものを選ぶようにはしています」とかいさん。現在、約30種類、150株の観葉植物と楽しく暮らしています。
Instagram：https://www.instagram.com/botanical_vlog/

**3**

**POINT**

パキポディウムやアガベは、明るい部屋でも徒長防止と株を締めるために育成ライトを活用。

左／キッチンワゴンはIKEAで購入。使用アイテムの詳細はかいさんのInstagramで紹介されています。右／アガベは種から育てた実生苗。

**POINT**

◇◇◇◇◇◇

自分の心がときめく樹形や佇まいのもので植物を選ぶというかいさん。複数店舗を回って株を決めることもあれば、逃せないビザールプランツ（珍奇植物）は即決することもあるとか。一期一会を楽しんでいる。

**POINT**

◇◇◇◇◇◇

置き場所は季節ごとに変え、水やりはメリハリをつけるのがポイント。そうすると強い株に育ち、多少の手入れ不足でもすぐに枯れるということを避けられるそう。

アガベ・キュービック。転倒防止のため重量のある陶器のカバーを使用している。

## 知っていると便利な園芸用語

観葉植物と暮らしはじめると、育て方を調べたり、
必要な材料や道具を選んだりすることが出てきます。
そんなときに知っていると役立つ園芸用語です。

### ウォータースペース

植木鉢内の土の表面から鉢の上縁までのスペース。土の表面が深過ぎると光と風が入りづらくなり、浅過ぎると水やり後に水があふれてしまいます。小鉢でも2〜3㎝はスペースを作ります。

### 株元（かぶもと）

土に植えられている植物の、土の表面に近い幹や茎のこと。株元が硬く太い株ほど状態が良いといえます。健康のバロメーターや購入時の良株選定の目安にしましょう。

### 気根（きこん）

土上の幹や茎から出ている根のようなもの。土に入ると水と栄養を吸収します。サトイモ科やクワ科の観葉植物によく見られ、原生地を思わせるワイルドな姿が楽しめます。

### 腰水（こしみず）

水やりの方法のひとつで、植木鉢を水を張った浅鉢やバケツなどの容器に入れ、鉢底から水を吸わせる方法です。急激な水切れのあとや長期間水やりができない場合に活用できます。

### 剪定（せんてい）

植物の枝・茎・葉を切ること。伸び過ぎた部分を途中で切って、全体の樹形を整えたり分岐を促したりすることを「切り戻し」といいます。観葉植物は剪定を繰り返しながら育てます。

### 徒長（とちょう）

植物の茎や枝葉の生える間隔が間延びし、ひょろひょろと細長い姿で生長していることをいいます。葉色も薄くなります。日照不足、肥料過多、風通しの悪さなどで起こります。

### 根腐れ（ねぐされ）

根が土の中で腐ってしまうこと。根が水で湿った状態が長く続くと根が呼吸できなくなってしまい、次第に茶色や黒い根になり朽ちてしまいます。正常な根は白色をしています。

### 根詰まり（ねづまり）

植物の根が植木鉢の中で伸び過ぎて、鉢中でぎゅうぎゅうに詰まった状態。根が鉢底から飛び出したり鉢の形が歪むことも。水や栄養の吸収が悪くなるので植え替えをし対処します。

### 根鉢（ねばち）

植木鉢から植物を抜いたとき、植物の根と土がひとかたまりにくっついている部分。植え替えの際は過度に根鉢をほぐし過ぎないようにし、根を傷つけないよう丁寧に扱いましょう。

### 葉水（はみず）

葉の表裏に霧吹きで水分をかけ、葉の汚れを洗い流すこと。1日何回行ってもよいですが、夏の暑い時間帯、冬の寒い時間帯に水分が残っていると葉焼けを起こすので注意します。

### 葉焼け（はやけ）

直射日光や冷気に当たった葉が部分的に傷んでしまうことをいいます。葉焼けした葉は元に戻らないので、真夏と真冬は窓際や屋外での管理を控え、予防しましょう。

### 斑入り（ふいり）

葉や茎のすべてが緑色でなく、黄や白、薄緑色などが交ざった葉のこと。葉緑素が少ない部分が斑の部分になります。斑入り種はさまざまな園芸品種もあり美しい葉が魅力です。

### 元肥・追肥（もとひ・ついひ）

植え込み時にあらかじめ土に混ぜておく肥料のことを元肥といい、その後の生育途中で栄養が少なくなってきたタイミングで、必要に応じ追加で与える肥料のことを追肥といいます。

# CHAPTER
## 1

観葉植物に
ついての
素朴な疑問

## 庭木とどこが違うの？

**Q & A 1**

観葉植物は、もともとは庭木と同じように屋外で育っている植物を、室内でも育てやすいように仕立てたものです。庭木との違いは、室内の環境でも葉落ちや株枯れを起こさずにうまく育つか育たないか、という点です。さらにその中から、限られた日照でも丈夫に育つ品種が観葉植物に選ばれています。

例えばガジュマル。耐陰性があり小株から育てられることから観葉植物として人気です。ですが、沖縄などの原生地では花壇や路地に植えられているのをよく見かけます。つまり、観葉植物として売られているガジュマルも、沖縄の路地に育っている庭木のガジュマルも、目的と仕立て方が違うだけで、もともとはまったく同じ植物というわけです。

## なぜ、室内で育つの？

**Q & A 2**

もともと育っていた屋外の環境に近づけることで、室内でも育てることができます。

屋外の植物はみな、太陽の光で光合成をし、太陽の熱や風で土が乾くと、水を欲しがり根を伸ばし、雨が降ったらその伸びた根で水を吸収し生長します。土は団粒構造になっており排水性と保水性を確保できます。風は株を強くしたり、必要な要素を適切に運んだりしてくれる役割も持っています。

観葉植物は植木鉢という限られた大きさの器で育てますが、持ち運びしやすいのが利点です。

室内の明るい場所に移動し、庭木と同じように太陽の光を当てることができ、風通しの良い場所へ移動することもできます。また、植木鉢の中の土は、鉢底に石を敷き、その上に粒の大きさが大小異なる観葉植物用の土を入れて団粒構造を作ることで、自然の状態に近づける工夫ができ、根も健康に育つことができます。

ぜひ、ご自宅の観葉植物もこうしたことを意識して置き場の選定や水やりをしてみてくださいね。

## 花は咲くの？　実はなるの？

**Q & A 3**

観葉植物にも花が咲き実がつきます。ただし、花や実をつけるには成熟した大株であることなどが必要で、明るく暖かい場所で管理しないと花や実がつかないものも多いです。たまに、「植物園で◯◯の花が咲きました」というニュースを目にすることがあるかもしれませんが、そのくらい花を咲かせるのが難しく、実を見るのが貴重な植物もあります。

もしも花や実を楽しみたいのであれば、花や実がつきやすい観葉植物を選ぶのがおすすめです。例えば、ドラセナ、ストレリチア・レギネ、エスキナンサス、サボテンなどは比較的花を見やすい品種です。人気のフィカスやエバーフレッシュ、モンステラも実をつけることがありますよ。

## どんなふうに選べばいいの？

**Q & A 4**

はじめて植物を迎え入れる人は、まず置きたい場所を決めると選びやすいです。
観葉植物は明るく風通しの良い場所を好むので、窓があり電気をつけている時間が長く、人が通り空気が動く場所が良いでしょう。床置きの大きめサイズなのか、小さいテーブルサイズなのかくらいまで決めれば、あとは店舗で好みの観葉植物を探すだけです。
観葉植物はお手入れしながら育てるインテリアです。どんなに育てやすい品種でも、好みに合

わないものだと愛着もわきづらいもの。自分の好きなひと鉢を見つけてみましょう。例えば、自宅のインテリアに馴染むフォルムや色を選ぶ、ビビっと「好き！」と感じるものを選ぶ、植木鉢の色とデザインで選ぶ、曲がり樹形から探す、など何でも良いと思います。できれば複数の植物を触って回して見比べて、これだというものをセレクトしてみてください。
気に入った観葉植物を見つけたら、ショップでその植物の育て方を確認することを忘れずに。

## いつ買うのがベスト？

**Q & A 5**

春から秋にかけての3〜10月頃がおすすめです。観葉植物はその時期の出荷量が多く、大きさや樹形や品種も豊富な中から選べます。また、観葉植物は寒さを苦手とする品種が多く、真冬は流通しない品種があったり、持ち帰りの際に寒さで葉が傷んでしまったりすることも。とはいえ、冬の間に流通している観葉植物も、生産者の元で明るく暖かい環境で生産された健康状態が良いものなのでご安心を。持ち帰り時や配送時に傷まないよう、梱包方法に気を配りましょう。ネットショッピングの場合は、出荷から最短日で受け取れるように日時指定をするなど工夫を。

ちなみに春先は、生産者がその年のイチオシや新品種を出してくる季節でもあります。ぜひ観葉植物ファンのみなさんは、春先にはショップをのぞきに行ってシーズンのはじまりを楽しんでくださいね。

Spring — Summer — Autumn | Winter

## 必要な環境は？

**Q & A 6**

これまでの質問で少し触れている部分もありますが、観葉植物を育てるには明るく風通しの良い場所が必要です。寒さが苦手なので、冬場は10度以上の温度を保てる場所が好ましいです。通年、窓からの明るい光が入る場所で管理し、寒い冬は寒気が当たりやすい窓からは少し遠ざけ、エアコンやヒーターを活用しましょう。原生地も朝晩冷え込むのは同じなので、人が就寝中の寒さはさほど気にしなくても大丈夫です。耐陰性のある観葉植物でも、太陽光が少なく、通年暗過ぎると健康に育ちません。

観葉植物が健康に育つ環境と、人間が気持ち良く暮らせる環境は似ています。例えば私たちは、光がたっぷり入るサンルームにいても、風がないと気持ち悪くなってしまいます。観葉植物も同様です。人も植物もともに暮らしやすい環境を整えるようにしてみてください。

## 観葉植物に必要な3つの条件

観葉植物を上手に育てるには、「光」「水」「風」を適切に取り入れることが必要です。
それぞれの要素がなぜ必要なのか、どのように取り入れたらよいのかを見てみましょう。

### SHINE

光

### WATER

水

### WIND

風

植物は、太陽の光と空気中の二酸化炭素を利用し光合成を行います。それで得られた酸素と養分を自身の呼吸や生長のための栄養として使用するため、太陽の光は生きていく上で欠かせない要素です。太陽光が少ない場合は、植物用のライトを使用し補ってあげると安心です。

植物の体のほとんどは水でできており、体の維持と生長に欠かせません。水が切れると体を支えられなくなりやがて枯れてしまいます。土への水やりはメリハリをつけて与えます。また、葉水といって葉の裏表に霧吹きで水を散布するのも病害虫の予防や新芽の促進に効果的です。

風を流すことは、見落としがちですが実はとても重要です。光合成や呼吸に必要な二酸化炭素や酸素などをまんべんなく取り入れ、蒸散を効率よく行い、たくましい株に育つからです。直風は避け、空間全体の空気が通ることを意識しましょう。サーキュレーターの活用もおすすめ。

## だれにでも育てられるの?

**Q & A 7**

はい。前頁にあるように「光」「水」「風」があればだれにでも育てることができます。長く育てるにあたっては、CHAPTER 3 にあるような基本のお手入れを覚えておくと安心です。

観葉植物は生き物なので、枯らしてしまうのが心配でなかなか手を出せない、という方もいらっしゃると思いますが、私は逆で、はじめたいと思ったときに気軽にはじめられるハードルの低さが魅力だと思っています。最近では手乗りサイズの小さなものがいろいろなショップに置いてあるので、勇気を出して手にとってみてください。はじめての方におすすめです。

観葉植物は品種が豊富なので、そのぶん水やりの頻度や好む明るさ、大きさなどがさまざまです。一人暮らしの忙しい方、小さなお子様がいる方、ペットと暮らしている方、のんびり自分の時間がとれる方、それぞれのライフスタイルに合う植物が見つかります。観葉植物を育てる楽しみは、暮らしの中のちょっとした彩りになるはずです。

## 葉水は絶対に必要?

**Q & A 8**

絶対に必要ではありません。ただし、適切に適度に行うことで、健やかな生育を助けてくれる効果が期待できます。

葉にちりが積もったり極端な乾燥が続いたりすると、光合成や呼吸がしづらい、虫や菌が増えやすい、新芽が綺麗に開かないなどといったことが起こることがあります。それらの予防と、真夏の高温障害の予防の手軽な方法として葉水があります。

葉水は霧吹きなどで葉の表裏を濡らし、汚れを洗い流すイメージで行います。その際は必ず風を通し、長時間葉が湿った状態が続かないようにします。寒さで葉を傷めたり、湿気がこもって株を傷めてしまうことを避けるためです。

できれば、お風呂場や屋外（真冬真夏を除く）に持っていき、シャワーのように霧吹きで水をかけ、その場で株をふって余分な水を切り、短い時間で乾かしてあげる方法がおすすめです。

また、乾燥する時期に湿度を保つためには、霧吹きでは力不足。その際は加湿器などを使用することもおすすめします。

## 花言葉はあるの？

Q & A 9

観葉植物も、花と同様に花言葉がつけられているものが多くあります。原生地での言い伝えや風習、植物の育つ姿からつけられたようです。花言葉から、その観葉植物の特性を想像してみるのも楽しいかもしれません。ギフトだけでなく、自分の家に置く植物を花言葉から選んでみるというのもおもしろいですね。CHAPTER 4のQRコードから参照できるWEBページにも、それぞれの観葉植物の花言葉や風水を載せているので、ぜひ参考にしてみてください。

- ● モンステラ
  嬉しい便り、壮大な計画、深い関係
- ● フィカス・ウンベラータ
  健やか、永久の幸せ、夫婦愛
- ● ガジュマル
  たくさんの幸せ、健康
- ● パキラ
  快活、勝利
- ● エバーフレッシュ
  歓喜、胸のときめき

## ペットがいても大丈夫？

Q & A 10

はい、大丈夫です。ただし、観葉植物の種類によっては、触ったり食べたりしてペットの体調に悪影響を与えてしまうものがあります。ペットにとって毒になる成分や棘がない観葉植物を選びましょう。
例えば、サトイモ科の観葉植物に含まれるシュウ酸カルシウムは、皮膚や粘膜を傷つけて炎症を起こしたり、ドラセナに含まれるサポニンは、大量に接種すると下痢や嘔吐を引き起こしたりします。アガベなどの硬く鋭い棘のあるものなどにも気をつけましょう。

有害な成分がなく安心して育てられる観葉植物も多いです。CHAPTER 4の図鑑ページに、それぞれの植物ごとに「ペット・赤ちゃん」の項目を設けていますのでそちらを参考にしてください。犬や猫などが土をいじるのが心配な場合は、ポットテーブル（p.49）を鉢上につけて隠して予防する方法や、ハンギングプランツを取り入れ、床に置かずに高い位置で楽しむ方法もあります。

## 多肉植物は観葉植物の仲間？

**Q & A 11**

多肉植物と観葉植物は、特性が異なりジャンルとしては別ものですが、室内で育てられる植物ということでは仲間としてひとくくりにされることが多いです。特にサンスベリアやアガベといったキジカクシ科の植物、サボテン科やトウダイグサ科のユーフォルビアなどは観葉植物としてカテゴライズされることがあります。本書でも、観葉植物として流通している主な品種をCHAPTER 4の図鑑ページで扱っています。

ですが、前述のように多肉植物と観葉植物は好む環境や育て方が異なります。多肉植物は観葉植物に比べ、茎や葉、根などに水を溜められる量が多く、見た目もとても肉厚です。乾燥を好み、屋外で育てるのに適している品種もたくさんあります。品種量の多さからファンも多く、種から育てたり珍しい品種をコレクションしたりと、観葉植物とはまた違った楽しみ方があります。観葉植物としてカテゴライズされることが多いサボテン科とキジカクシ科の多肉植物を下記に紹介します。

**Rhipsalis → p. 167**

### リプサリス

リプサリスは熱帯アメリカ原産のヒモサボテンの一種で、森の中で樹木にくっついて育つ多肉植物です。多肉植物は乾燥に強いのが特徴なので、やや水やりの手間があるハンギングプランツにおすすめ。写真の品種はカスッサ。

**Cereus → p. 172**

### 柱サボテン

流通している柱サボテンは、鬼面角（キメンカク）がほとんどですが、ケレウスヤマカルも少量ですが流通しています。総称として「柱サボテン」と呼ばれています。存在感のある立ち姿はファンが多く、花を咲かせることも。

**Agave → p. 116**

### アガベ

小鉢から庭植えの大鉢まで需要が多く、育てやすくスタイリッシュな姿が人気です。品種も豊富なので好みの株を見つけるおもしろさがあります。暑さ寒さ乾燥に強いため、初心者でも楽しめます。

# CHAPTER
## 2

# 観葉植物を
# 選ぶ・飾る

# 部屋のイメージで選ぶシンボルツリー

１ｍ以上の大きなサイズはインテリアの主役。好みのテイストに合わせて選んでみましょう。

存在感がある

部屋のイメージに
合っている

樹高が1ｍ 以上ある

育てやすい

Ficus umbellata
→
p.
87

フィカス・ウンベラータ

フィカス・ウンベラータは、育てやすいことで人気のゴムの木の仲間です。大きなハート形の淡いグリーン色の葉を持ち、ほかのゴムの木よりも葉の厚さが薄いのが特徴です。優しくナチュラルな雰囲気が人気です。

### インテリアとしての存在感はバツグン

お部屋の主役になる大きさの観葉植物は、シンボルツリーと呼ばれています。部屋の広さにもよりますが、１ｍ以上の高さやボリュームがあり、インテリアとして存在感が出るサイズのものをいいます。鉢の大きさとしては８号鉢以上のものが多くなります。戸建やマンションのリビングであれば、高さが130㎝〜２ｍほどのサイズが良いでしょう。

観葉植物の見た目は種類によりさまざまで、リゾートを思わせるような、大きく葉が広がった樹形のもの、森のように小葉が集まって広がるナチュラルな雰囲気のもの、すっきりとしたスタイリッシュな樹形でかっこいい雰囲気のものなど、それぞれの個性が異なります。

既存のインテリアやなりたいインテリアのテイストに合わせて選ぶと、大きな植物でもインテリアに浮くことなく馴染みます。ここからのページでは、インテリアのテイストに合う観葉植物を紹介しています。ぜひご自宅のシンボルツリー選びの参考にしてください。

# MODERN

## モダンな部屋に合う
## おすすめツリー

モノトーン基調で直線的・光沢のある硬質素材を使った洗練されたインテリアには、濃緑の葉や、オブジェのようなユニークな樹形・すっきりした樹形が似合います。

### フィカス・ベンジャミン・バロック

**Benjaminabarok**
→
**p. 91**

くるんとカールした艶のある濃緑の葉が特徴で、ほかの観葉植物にはないユニークなフォルムが独特の存在感を演出してくれます。ベンジャミンの中では新しい品種で耐陰性が高く、育てやすさの面でも人気です。

### ドラセナ・コンパクタ

**Dracaena deremensis cv.**
**'Virens Compacta'**
→
**p. 105**

近代的なオブジェのようにすっと伸びる幹に濃緑の艶葉がついたドラセナです。名前の通り、生長が緩やかで比較的コンパクトに育ち、耐陰性もあり乾燥にも強い品種です。洗練された空間によく映える観葉植物です。

# 1 NATURAL

◇◇◇◇◇◇◇◇◇

## ナチュラルな部屋に合う
## おすすめツリー

無垢材やアースカラーを取り入れた
温かみのあるインテリアには、幹の
質感を感じられるような優しい雰囲
気の幹立ちの観葉植物が似合います。
葉色は濃過ぎず優しい色合いのもの
を選びましょう。

**Ficus benghalensis** →

フィカス・ベンガレンシス

白くすっきりと伸びた幹に、卵形の
マットな緑葉をつけるベンガレンシ
ス。その優しい佇まいはナチュラル
なインテリアによく馴染みます。曲
がり樹形の個体も多く流通し、おし
ゃれなカフェなどでよく見かける人
気種です。

**p.
76**

**Pithecellobium**
↓
**p.
136**

エバーフレッシュ

黄緑色の小さな葉をたくさんつけ、
森の中の大樹のように優しく雄大に
育ちます。さわやかな立ち姿はナチ
ュラルなインテリアにぴったり。和
名のアカサヤネムノキの通り、夜に
なると葉を閉じ、朝になると葉を開
く性質を持ちます。

# ETHNIC

**エスニックな部屋に合う
おすすめツリー**

エスニックといっても色々なテイス
トがありますが、共通するのが異国
情緒のある柄や色のファブリック、
バンブー素材の家具など。これらの
アイテムをすっきりまとめる大きな
葉を持つ植物が似合います。

**Howea belmoreana**
↓
**p.
147**

### ケンチャヤシ

噴水状に広がる葉が特徴的で、ホテ
ルのエントランスなどによく飾られ
るゴージャスな雰囲気の観葉植物で
す。葉の幅が広く緑色も濃いため空
間を引き締めてくれます。エスニッ
クには葉色が濃いヤシが似合います。

**Alocasia odora**
↓
**p.
174**

### クワズイモ

ハート形の柔らかい葉と、幹のよう
に立ち上がった茎が特徴です。原産
地がインド〜東南アジアの観葉植物
なので、エスニックなインテリアグ
リーンとして取り入れられることも
多く、現地の雰囲気が楽しめます。

## 1 SIMPLE

### シンプルな部屋に合う
### おすすめツリー

ホワイトやグレーの淡いトーンで統一されたスタイリッシュなインテリア。ゆとりがある空間全体を和らげる曲線のある樹形や、抜き色のシルバーリーフの観葉植物がおすすめです。

**Ficus umbellata**

フィカス・ウンベラータ

シンプルなインテリアには、S字曲げのスタイリッシュな樹形を取り入れてみましょう。主張し過ぎない淡いグリーンの大葉を持つウンベラータが似合います。鉢カバーも淡いグレーで揃えると空間全体の統一感が増しますよ。

→
p.
87

**Strelitiziareginae**

ストレリチア・レギネ

シルバーリーフが特徴のストレリチア・レギネは、淡いグレージュやホワイトが基調のインテリアにとても馴染みます。ピンク色の葉脈もおしゃれ。スタイリッシュに伸びたフォルムは洗練された空間にぴったりです。

→
p.
161

# JAPANESE MODERN

◇◇◇◇◇◇◇◇◇

### 和モダンな部屋に合う
### おすすめツリー

木や竹や土などの自然素材・背の低い家具などの日本らしさと、現代的なスタイリッシュさを取り入れた和モダンスタイルには、シックな濃緑色や上品な印象の細葉が似合います。

**Sansevieria zeylanica**

### サンスベリア・ゼラニカ

ゼラニカは濃緑色のゼブラ柄が特徴で、立ち姿のスタイリッシュさが人気です。耐陰性が高いため、部屋の奥や小窓のみの和室でも育ちます。間接照明と合わせて飾るなど、インテリアとの組み合わせも楽しめます。

→
p.
110

**Rhapis humilis 'Unnan'**

### 雲南シュロチク

江戸時代から日本で栽培されていたシュロチク。雲南シュロチクは細く繊細な葉を持つ品種で、なんとも美しい立ち姿です。風にそよぐような佇まいは和モダンにぴったり。インテリアにぜひ合わせてほしいひと鉢です。

→
p.
150

# 樹形で選ぶ

幹がある木本タイプ、葉がメインのリーフタイプなど樹形は個性豊か。代表的なものを紹介します。

## 曲がり樹形（木本タイプ）

Ficus rubiginosa → p. 83

フィカス・ルビギノーサ（フランスゴムの木）

## 自然樹形（木本タイプ）

Syzygium cumini → p. 121

アマゾンオリーブ

幹がある木本タイプで、
幹が曲がっている

幹がある木本タイプで、
曲げ仕立てや
寄せ植えでない
自然な樹形

### 生産者のこだわりが見える観葉植物の樹形

インテリアごとに似合うシンボルツリーの選び方をご紹介しましたが、ここではさらに好みの樹形を探していきましょう。パラパラと本書を見ていただくとわかるように、観葉植物の姿形は本当に多種多様です。迷ってしまいそうですが、樹形の見た目は大きく分けて2通り。幹がある木っぽい樹形と、葉っぱがメインの樹形です。

幹がある樹形でも、自然な形になるよう育てた樹形、曲げたり寄せ植えしたりして仕立てた樹

形などがあります。いずれも生産者が時間をかけて誘引したり剪定したりして樹形を整えています。同じ曲がりの樹形でも、生産者が違うと曲げ方や葉の出し方も違うので、見はじめると違いもわかってきて奥深いです。

また、葉っぱがメインのタイプは扇や噴水のように葉がしなって広がる樹形が多いですが、葉の厚みや大きさにより見た目が変わってきます。わかりやすい樹形をまとめてみましたので、お好みの樹形を探してみてください。

## 直立樹形（木本タイプ）

### ドラセナ・コンシンネ・マジナータ

Doracaena concinna marginata → p. 100

> 幹がある木本タイプで、
> 寄植えや1本立ちの
> まっすぐな樹形

### ユッカ・エレファンティペス

Yucca elephantipes → p. 97

## 扇・噴水樹形（リーフタイプ）

### ストレリチア・オーガスタ

Strelitzia nicolai → p. 160

### カラテア・マコヤナ

Calathea makoyana → p. 202

> 葉っぱがメインの
> リーフタイプで、
> 扇・噴水状に広がる樹形

# 葉の形で選ぶ

大きな葉、小さな葉、太い葉、細い葉、独特な切れ込みが入った葉。好みの形はどれですか？

Anthurium dakota アンスリウム・ダコタ
→ p. 196

Ficus benghalensis フィカス・ベンガレンシス
→ p. 76

卵のような丸い形

ハートの形

Monstera deliciosa モンステラ・デリシオーサ
→ p. 179

Schefflera angustifolia シェフレラ・アンガスティフォリア
→ p. 125

切れ込みが入った形

手のひらのような形

Yucca elephantipes ユッカ・エレファンティペス
→ p. 97

Doracaena consinna marginata ドラセナ・コンシンネ・マジナータ
→ p. 100

細長く、
線や針のような形

剣のような形

**多種多様な葉の形、色は、観葉植物の醍醐味**

観葉植物の見た目の印象を大きく左右するのが葉の形です。観葉植物は世界中のいろいろな場所に原生地があり、それぞれの植物はその環境で効率よく育つように、各々長い時間をかけて葉の形を変化させて生き延びてきました。原生地の違いのぶん、葉の形も多種多様です。CHAPTER 4 の図鑑ページでも葉のアップを入れていますので眺めてみてください。丸い葉っぱは優しくナチュラルな雰囲気に馴染みやすかったり、細い葉っぱはスタイリッシュな空間に馴染みやすかったりと、実は取り入れやすいインテリアのテイストというのは葉っぱの形から紐づいていたりもします。

また、葉の形と一緒に注目してほしいのが葉の色です。緑色にしても、濃い緑・薄い緑・緑の濃淡が交ざった斑入り、はたまた白や黄色が入ったものや、真っ赤な色味が入るものなどがあります。こちらのページでは、葉っぱに着目して観葉植物を選んでみましょう。

## 葉の色で選ぶ

葉色も選ぶ上で重要なポイント。緑の濃淡もさまざまですし、差し色になる珍しい色も。

| 濃い緑 | 薄い緑 | 斑入り |
|---|---|---|

ザミオクルカス・ザミフォーリア

*Zamioculcas zamiifolia* → p.191

フィカス・ウンベラータ

*Ficus umbellata* → p.87

アグラオネマ・スノーフレークス

*Aglaonema brevipatha 'Thai Snowflakes'* → p.176

| 白 | 黄色 | ピンク |
|---|---|---|

ドラセナ・コンシンネ・ホワイボリー

*Dracaena marginate 'White Holli'* → p.101

シェフレラ・ハッピーイエロー

*Schefflera arboricola 'Happy Yellow'* → p.126

ストロマンテ・トリオスター

*Stromanthe sanguine 'Multicolor'* → p.206

# サイズや形状に合わせた飾り方

サイズや形状に合わせて飾った事例を参考に、自宅での飾り方をイメージしてみましょう。

## 床に置く

6号鉢以上の高さ～シンボルツリーとなる1
m以上の大きなサイズは床置きで飾ります。

床に置いて飾る際は、植木鉢の下に受け皿を敷いて水がこぼれないように管理します。鉢カバーの中に観葉
植物を入れて飾る場合も、カバーの中に受け皿かインナーポットを入れましょう。

### インテリアとしておしゃれに馴染ませるには

欲しい観葉植物が決まったらさっそくお部屋に置いてみましょう。このページでは、実際に観葉植物を置いた事例を見ながらイメージできるようにしました。

テーブルサイズの観葉植物は、棚上やテーブル上などを活用し、鉢色や素材にもこだわって飾ってみましょう。小鉢はキッチンや寝室などのちょっとしたスペースにも置くことができます。中型サイズは、スツールなども活用し高低差を出して飾るとインテリアとしてもおしゃれな雰囲気に。大きなサイズは床置きでインテリアの主役に。垂れ下がりボリュームのある壁掛け・ハンギングプランツは、高い場所を活用すると飾りやすくなりますし、空間に奥行きがうまれ、よりお部屋をセンスアップすることができます。最後に、いずれのサイズも植物が生長することを見越して、置き場所の高さと幅に少し余裕を持たせておくことを覚えておきましょう。また、壁際や角に置く場合は、壁から15～20cmは離して光と風が入るように飾ります。

## 棚やテーブルに置く

6号鉢以下のテーブルサイズの観葉植物は棚やテーブルに並べて飾るとおしゃれです。

棚上に置ける小さな鉢は、素材や色も遊び心を入れやすい大きさです。お気に入りの雑貨や写真などと一緒に自由に飾ってみましょう。

日当たりが良い場所には、観葉植物用の棚を作って飾るのもおすすめです。お部屋の中でもお気に入りの場所になるはずです。

プランツテーブルやスツールなどを使ったおしゃれなコーディネート。高低差をつけることでリズムが出て小慣れた印象に。

天井に格子枠を取りつけ、ポトスを這わせたアイデア。這性（はいせい）やつる性の観葉植物は近くにからまる場所を作ると這うように伸びていきます。

## 高いところに置く・吊るす・掛ける

フックつきの金具を取りつけて吊り下げます。自由にのびのびと育つ姿が気持ち良い。

レースカーテン越しの窓際に吊るしたポトス・グローバルグリーン。ポットサイズなら重さが気にならないためカーテンレールを活用しても。

壁一面のビカクシダは憧れのグリーンスタイル。張りつける板の素材やデザインもさまざまなので、自分らしい好みのコーナーを作ることができます。

# 部屋の暗いところにも置ける！

場所はあるけど太陽の光が入らず観葉植物が置けない……、なんてことはありません。
植物用の育成ライトが販売されていますので、そうしたアイテムも活用してみましょう。

部屋の奥の暗い場所でも、植物育成ライトを使用すれば観葉植物コーナーに。アンティークな家具と器にクッカバラがベストマッチ。

### 置く場所の自由度が広がる植物用ライト

植物用の育成ライトは電球タイプが多く流通しており、お手持ちの照明器具に簡単に取りつけることができます。太陽光に近い波長の光により、観葉植物の光合成や生長を促してくれます。植物用ライトを使用したら花が咲いた！という事例も多いです。最近では、いかにもなピンク色や白色ではなく、人の目にも優しい暖色の育成ライトも出ています。イ

ンテリアを阻害することなく観葉植物を育てることができると人気です。
植物育成ライトは種類にもよりますが、1日の半分の12時間ほどつけておくと効果があります。留守中カーテンを閉めたままでも観葉植物の健康維持ができるので、旅行などの家を長期空ける際にも安心できるアイテムです。
→植物用ライトp.49

# 観葉植物のサイズ

植木鉢のサイズで○号って言われても鉢の大きさも高さもピンと来ない、という方も多いのでは。
ここではわかりやすく高さのサイズ表記も添えて見ていただけるようにしました。

Ficus benghalensis → p. 76

フィカス・ベンガレンシス XL

Ficus benghalensis

フィカス・ベンガレンシス L

**XLサイズ 140〜240㎝**

植木鉢サイズ10〜12号

**Lサイズ 110〜140㎝**

植木鉢サイズ8〜10号

## 植木鉢のサイズは「1号＝外径3㎝」と覚えておこう

観葉植物のサイズは、植木鉢の号数で表されることが一般的です。号数とは、植木鉢の外径で決められたサイズ表記のことです。植木鉢の号数は、1号＝外径3㎝。号数が増えるごとに×3で外径が広くなります。 なぜ3㎝刻みなのかというと、昔の日本の長さの単位基準で作られているからです。なかなか馴染みがないですが、一度覚えてしまえば大丈夫！
観葉植物の背の高さは概ね鉢の号数に比例して高くなりますが、一部リーフ系や多肉植物など

は背が伸びない品種などの例外もあります。鉢の号数と背の高さの目安を下の写真に添えたので参考に見てみましょう。一人暮らしのお部屋なら、シンボルツリーはM〜Lサイズが良いでしょう。ファミリーが暮らす広さのリビングであればL〜XLサイズがおすすめです。また、よく見かける手乗りの黒いビニールポットは3号か3.5号です。一般的にこのくらいのサイズから流通量が多くなります。

→鉢を選ぶ p.62

Ficus benghalensis

フィカス・ベンガレンシスM

Ficus benghalensis

フィカス・ベンガレンシス S

Rhaphidophora tetrasperma →
p. 180

ヒメモンステラ

### テーブルサイズ

テーブルに置けるくらいの小鉢で、植木鉢サイズは3〜5号鉢、高さの目安は15〜70㎝ほど。テーブルサイズの観葉植物は品種も豊富で気軽に置けます。数を増やして楽しみたいですね。ただし、特に3〜4号の観葉植物は株も小さく土の量も少ないため、体力が少なく水も切れやすいことが多いです。こまめに状態を確認しながら育てましょう。

**Mサイズ 80〜110㎝**
植木鉢サイズ7〜8号

**Sサイズ 30〜80㎝**
植木鉢サイズ5〜6号

# 実例に学ぶ　観葉植物の配置と見せ方

シンプルナチュラルなお部屋に観葉植物を置いてみましょう。ポイントは、配置と植物の見せ方です。

## BEFORE

部屋全体に光が入る明るいリビング。ハンギングポールが活用できそう。アンティーク家具やライトなどのこだわりのインテリアに馴染むよう植物を取り入れたい。

ハンギングポール

**エアコンの風向き、全体のバランスを見ながら配置**

置いた数は全部で9鉢。XLサイズが1鉢、Mサイズが1鉢、テーブルサイズが5鉢（エアプランツ含む）、ハンギングプランツが2鉢です。まず配置ですが、明るく邪魔にならない窓際を中心に飾りましょう。左側のエアコンは風向きがまっすぐだと窓際の植物に直風が当たって葉が傷んでしまうため、エアコンの風向きを部屋の中央になるよう設定しましょう。そのあと、シンボルツリーの場所を決めます。エアコンの直風が当たらず、ダイニングへの動線を邪魔せず、両端のハンギングポールを潰さない場所ということで、部屋の中央に配置しました。ハンギングプランツは、水やりの手間があるので空間が広く取れる左側のスペースに取りつけます。そのあと小鉢を棚上に散らして完成です。配置に関しては、暮らしの動線の邪魔にならないこと・お手入れがしやすいことも大切です。植物の見せ方のポイントは、次頁からご紹介します。

## AFTER

大きなサイズの植物はホワイトグレーの鉢、小鉢はレンガ調クロスに合わせテラコッタ色を差し色に。ハンギングプランツでおしゃれ度がアップしました。

**POINT**

**1**

階段シェルフには小鉢を複数飾るとおしゃれ。横幅に余裕がある空間なので、小さくまとまる樹形よりも、ゆったり横に葉を伸ばし育つタイプのフィロデンドロンとサンスベリアを。エアコンの羽は部屋の中央に向いています。

**POINT**

**2**

ハンギングには垂れるタイプのリプサリスとヘデラを使用。自然素材のハンギングバスケットを使ってインテリアと馴染ませましょう。鉢の高さが揃わないように高低差をつけ、リズミカルに配置するのもポイントです。

**POINT**

**3**

一目惚れしたストロマンテ。特徴のピンク色は一見派手なようですが、インテリアの基調である色のホワイトに鉢色を合わせることで、ポイントカラーとしての役割を持ちつつ空間にもしっかり馴染んでいます。

**POINT**

**4**

あえて部屋の中央にシンボルツリーを置くのはおしゃれでおすすめな飾り方。幹が白く、マットな葉の質感のベンガレンシスはシンプルナチュラルなインテリアにマッチ。

**POINT**

**5**

壁に囲まれて1日の日照時間がそれほど長くない場所には、耐陰性が高いヒメモンステラを。這うように育つ特性なので、生長につれ棚上に葉がふわふわと伸びていきます。まさに育てて楽しむインテリアですね。

⌐6⌐

▶ AFTER + α

お手入れに慣れてきたら、少しずつ
増やしてみましょう。増やすコツは、
「一気に増やさないこと」。量が増
えたときの配置のコツも覚えておき
ましょう。

POINT **6**

ヘデラのように垂れる
ように育つ植物は、棚
上に飾るとニュアンス
を出してくれるのでお
しゃれなインテリアと
して取り入れたい樹形
です。長く伸びたら途
中で剪定し、ガラス
の器などで水耕栽培にす
ることもできます。

POINT **7**

シンボルツリーの足元
には、S・Mサイズの
鉢を床置きしたり、プ
ランツスタンドを使っ
てテーブルサイズの植
物を置いたりするとバ
ランスを取りながら数
が置けます。植物の数
が増えてきたらスタン
ドを購入しても。

POINT **8**

ハンギングプランツは
数が多いですが、実は
このスペースの植物分
類上の科は2種類のみ。
水やりの仕方や好む環
境は同じなのでお手入
れの手間がかからず、
品種は異なるため葉の
形やフォルムの違いを
楽しめます。

POINT **9**

光がたっぷり入り植物
が育ちやすい右窓のス
ペースは、思い切って
窓全体をプランツスペ
ースにするのもおすす
めです。床置きの植物
とハンギングの植物が
丁度よく交じり合い、
グリーンカーテンのよ
う。

POINT **10**

観葉植物はペットと一
緒に育てられます。植
物に毒や棘がないかを
あらかじめ知っておき、
触れない位置に置くか
取り入れないことがポ
イントです。

＊写真の品種の一部は撮
影上、ペットに有害とな
る場合があるものが交ざ
っています。

CHAPTER
3

観葉植物の
お手入れ

# 購入後の管理の流れ

観葉植物を購入したらどんなふうにお手入れしたらよいのか、ざっくり流れを見てみましょう。
まずは植物を新しい環境に慣れさせて、本格的なお手入れはそのあとです。

### STEP 1

最初の2週間は
様子を見る

観葉植物は、急激な環境の変化にストレスを感じます。もともとは地面に根っこを生やして動かずに生きているので、急に日照や気温が変わるとびっくりしてしまい、葉を落としたりすることがあります。生産者→市場→ショップ→自宅と移動してきているので、見た目は元気でも少し疲れ気味。はじめのうちは、明るく暖かい場所に置いてジッと様子を見守りましょう。土が乾く頻度を確認したり、葉や茎に変化がないか観察したりしましょう。

### STEP 2

しばらくは
植え替えなしで楽しむ

流通しているほとんどの観葉植物は、生産者のもとで適切なサイズの植木鉢に観葉植物用土や元肥と一緒に植え込まれ、根が安定した状態で私たちの手元にやってきます。1年ほどはそのままの鉢で健康に育ちますのでご安心を。好みの植木鉢に植え替えたい場合や、はじめから根が植木鉢いっぱいに張っている株だった場合は、STEP1を経たあとに、購入した鉢よりもひと回り大きい幅と大きさの鉢を選んで植え替えましょう。

## STEP 3

### お手入れをしながら
### 植物と仲良くなる

手元に来て1カ月くらいすると、観葉植物も新しい環境に馴染んできますし、私たちも水やりの頻度がなんとなくわかってきます。霧吹きでの葉水や水やりをしながら日々のお手入れを楽しみましょう。葉っぱや枝を触りながら、トラブルがないか、新芽の生長ぐあいはどうかなどを観察します。生長期は特に、見た目でわかるほど育つため、毎日見応えがあります。次のひと鉢を増やすなら、慣れてきたこの時期に迎えるのがおすすめです。

## STEP 4

### 大きくなったら
### 剪定や植え替えを

観葉植物は、定期的に剪定や植え替えをしてあげることで株が健康に育ちます。毎年春に、各株ごとに剪定と植え替えの必要がないかを確認しましょう。剪定は、混み合った部分を間引いたり、伸び過ぎた部分をカットします。園芸用のハサミがあれば比較的簡単にできます。植え替えは勇気がいるという方も多いですが、ポイントさえ押さえておけば大きな失敗は少ないので大丈夫。このあとの項目で詳しく解説してありますので参考に。

# あると役立つお手入れ道具

育てるにあたり、はじめはジョーロと霧吹きがあればOK！
そのほかのお手入れ道具は観葉植物の生長に応じて必要なものを少しずつ揃えていきましょう。

○ = 必ず準備
△ = 必要に応じて準備

## ● 基本的なお手入れ道具

### ジョーロ

水やりはジョーロがあると便利です。細長い首と出口は、水やり時に細く水が出るため土が跳ね葉についてしまうのを防げますし、株元の葉や枝を気にせず入り込め、土上にまんべんなく水を与えることができます。

### 霧吹き

葉の汚れを洗い流したり、夏場、葉の温度が熱くなる際に温度を下げる効果があります。水が細かく出るミストタイプがおすすめ。おしゃれなデザインのものが多く、お手入れの時間も楽しくなるアイテムです。

### 剪定バサミ

園芸用のハサミをひとつ手元に置いておきましょう。伸び過ぎた葉や枝を適時に剪定することで、光と風が入りやすくなり新芽が育ちやすくなります。樹形も整います。剪定したあとは必ず樹液を拭き取り清潔に保ちます。

### 水やりチェッカー

水やりのタイミングが難しいという方や、土中の乾き具合がわかりづらい大鉢を育てている方におすすめなのが水やりチェッカー。土が乾くタイミングで色が変わっていき、水やりのタイミングを知らせてくれます。

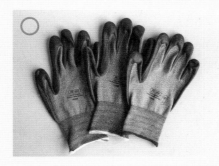

### ガーデングローブ

植え替えや剪定時にあると良いガーデングローブ。なくても作業はできますが、土汚れ防止のほか、樹種によっては剪定時に樹液に触るとかぶれるものもあるため、お手入れ時の手の保護のために持っていたほうが安心です。

### スコップ

スコップや移植ゴテは、植え替え作業時に必要な量の土を株元に少しずつ入れるために必要です。観葉植物が生長するといずれ作業をすることになるので、ガーデングローブと同じタイミングで手に入れておくと良いでしょう。

## ● 観葉植物と快適に暮らすためのグッズ

### バークチップ

土上に敷いて、おしゃれに土を隠すことができるだけではなく、土の乾燥防止や雑草の発芽を抑え、寒暖時に根を保護してくれる役割があります。こうしたマルチングには、通気性の高いジュート材などもおすすめです。

### 植物用ライト

太陽光に近い波長の光で観葉植物の生育を促します。明るさが足りない置き場所でも観葉植物を健康に育てることができます。大きさや形状はさまざまな種類があるので、置き場に合わせて照度や大きさを選びましょう。

### ポットテーブル

土を隠しながらインテリアとしても活用できるアイテム。テーブルにはお手入れ道具や小鉢を置いても素敵です。株元の穴から空気が入るため植物にも優しい設計。ペットや赤ちゃんの土のいたずら防止にも役立ちます。

### キャスターつき鉢皿

大きなサイズの植木鉢になると、風や光に当てるために窓際へ移動したり、お掃除や模様替えの際に移動するのが一苦労。キャスターつきの受け皿に植木鉢を乗せておけば、水やりもそのまま出来て移動もスムーズです。

# 季節のお手入れカレンダー

観葉植物の生育に適しているのは暖かい時期。日本では四季があるため季節ごとに
少しずつ置き場やお手入れ方法が異なります。 下の表を参考に行いましょう。

| | 春　3〜5月<br>暖かくなると生育期に入ります | 夏　6〜9月<br>本格的な生育期 |
|---|---|---|
| 置き場所 | 観葉植物の置き場の基本「明るく暖かく風通しの良い場所」で管理します。春は生育期の序盤。できれば午前中から太陽光が入る場所に置き光合成を促します。生長に必要な栄養をたくさん作りましょう。 | 直射日光は避けレースカーテン越しの明るい場所で管理します。真夏はほんの10分でも屋外に出すと葉が焼けることがあるため、屋外での水やりは控えましょう。多肉植物は屋外に。 |
| 水やり | 水やりの基本「土が植木鉢の中央部分まで乾いたら、鉢底から水が出る量をたっぷり」に沿って与えます。暖かくなると土が乾くタイミングが早くなるので、土が乾き過ぎないようこまめに確認すると安心です。 | 頻度が高くなります。特に小さなサイズは朝・晩に土の乾き具合を確認しましょう。高温による葉焼けや株の傷みを避けるため、水やりと葉水は暑い日中を避け、涼しい午前中か夕方に行いましょう。 |
| 肥料 | 最低気温が15度を超えたのを目安にして肥料を与えます。状態が良ければ緩やかに効く固形肥料でよいでしょう。冬の間少し元気がなくなった株は即効性のある液肥からはじめてみましょう。 | 6、7月は固形や液体の肥料を与えましょう。ただし、35度前後の猛暑が続く場合は観葉植物もバテて生育が鈍くなります。疲れているときに肥料を与えると根に負担がかかりますので控えてください。 |
| そのほかのお手入れ | 剪定はフィカスなどの木本タイプ（p.32）であれば4月以降可能。フィロデンドロンなどのリーフタイプ（p.32）は気温が低過ぎると株が傷むため、最低気温15度以上を目安に。植え替えも最低気温15度以上まで待ちます。<br><br>剪定　　植え替え　　肥料<br><br>剪定・植え替え・肥料は焦らずに！<br>最低気温を目安にしましょう。 | 剪定・植え替え・肥料を与えましょう。暑い夏は生長期。良い根を出させ、株を太くし良い葉を育てましょう。ただし、猛暑期は剪定・植え替え・肥料はNGです。気温を見ながらお手入れしましょう。<br><br>剪定　　植え替え　　肥料<br><br>最高気温30度強までが、<br>剪定・植え替え・肥料やりの目安です。 |

| 秋　10〜11月 | 冬　12〜2月 |
|---|---|
| ゆるやかに生育期が終わる | 寒い冬は休眠期。お手入れは最低限で。 |

屋外に出していた鉢は、冬になる前に室内に入れます。室内では、引き続き明るく暖かく風通しの良い場所に。この時期は日差しが和らいできますので、窓際で直接太陽の光を浴びさせてもよいでしょう。

室内の明るく暖かい場所で管理します。窓を閉め切る冬はサーキュレーターを活用し、空気の流れを作りましょう。窓の近くは外の冷気が入りやすいため、やや窓から離して部屋の中のほうに移動します。

真夏に比べると土の乾くスピードが遅くなり、やや間隔が空きます。夏同様にどんどん水やりをしてしまうと根腐れしてしまうので、土がしっかり乾いているか手で確認しながら与えましょう。

休眠期は土が乾くスピードが遅くなり水やりの頻度は少なくなります。冷水で株が冷えないよう、常温の水を暖かい日中に与えます。

＊暖房が長くついている場合は根が動き頻度が下がらない場合もあるので観察しながら与える。

水やりのタイミングで液肥を与え、冬の前に株の状態を良くすることを心がけます。最低気温が15度を下回るようなら肥料は終了です。置き肥が残っていないか確認し、残っている場合は取り除きます。

寒い冬は肥料が根を傷めることがあるためお休みです。暖かい室内で育てていて、寒さがない場合は液肥を１カ月に１回程度与えてもよいですが、朝晩冷えるようなら与えずに春を待ちましょう。

剪定は極力避け、植え替えは根をカットしないようなワンサイズアップする植え替えのみ行います。冬の前に根や枝葉にダメージが多過ぎるとリカバリーが難しく、状態が悪くなってしまうことも。

乾燥するこの季節は加湿器などで湿度を補うとよいでしょう。また、春に備えて葉の状態を維持することを心がけます。濡れたタオルで葉の裏表を拭いたり、霧吹きで表面の汚れを洗い流します。

植え替え　　肥料

暖かくする

冬が来る前に株の状態を
整えておきましょう！

とにかく暖かく！
お手入れは最小限に。

# 4

# 水やり

水やりは、植木鉢の中で土や根がどんな動きをしているかをイメージするとわかりやすい。
しくみを理解し、ポイントを押さえておけば安心です。

## 根は水と酸素をキャッチしたい！

水やりは、「土が中までよく乾いたら、鉢底から水が出るまでたっぷり与える」が基本です。どうしてそのような水やり方法になるのか、上のイラストを見ながら見ていきましょう。

まず、植木鉢の中の土が乾くと、空気の塊（イメージ）ができ、そこに根が呼吸して出した老廃物が溜まります。また、土が乾くことで根は"水が欲しい"となり根を伸ばします。

このタイミングで、土上にまんべんなく水を流し入れることで、水と酸素が土内に行き渡ります。乾いて伸びた根が水と酸素をキャッチし、栄養を作ったり呼吸をしたりします。また、土内に溜まっていた老廃物を含む空気は、鉢底から水と一緒に排出されます。

植木鉢で育てる場合、この「土を乾かす」「水やり」「老廃物を出す」の３つのサイクルが早く回るほど、観葉植物にとっては新陳代謝が進む良い環境になります。ですので、土が早く乾くためにも観葉植物を育てるために必要な環境の「太陽の光」と「風通し」が必要なんですね。これを覚えておくと、たくさん水やりをしなくてはいけないという固定観念がなくなり、土をよく乾かせばよいんだなと思えるため、過剰な水やりがなくなり根腐れを予防することにもつながります。

水やりの時間は午前中に。夏は涼しい夕方でもよいでしょう。冬は暖かい日中までにすませましょう。

また、葉水といって霧吹きで葉の裏表に水をかけるのも効果的です。虫や菌は水分を嫌うことがあるため予防になりますし、葉の汚れを洗い流す効果があります。

### POINT 1

**土中までよく乾かしてから**

土の表面は乾いていても、土の中を少し掘ると湿っていることが多いです。水やりチェッカーや割り箸を挿して確認したり、鉢の重さで乾き具合を確認してもよいです。必ず土を触ることをおすすめします。

### POINT 2

**水は土上にまんべんなくかける**

水やりの際は、株元だけだったり、鉢の縁に沿ってだけだったりではなく、土上にまんべんなく水をかけましょう。土内にたくさんの水の通路を作り、土内に溜まった老廃物を絡め取って鉢底に流すイメージです。

### POINT 3

**受け皿に溜まった水は捨てる**

老廃物を含んだ水は受け皿に溜まりますが、捨てるか拭き取りましょう。水を溜めておくと虫や菌の温床になり、さらに根が出ていたりすると老廃物を含んだ水を吸ってしまい植物に悪影響です。

### POINT 4

**季節によって頻度・量を変える**

暑い夏は気温が高く生育期のため土が乾きやすく、頻度が上がります。寒い冬は気温が低く休眠期のため土が乾きにくく、頻度が下がります。冬は乾く頻度が遅過ぎる鉢は量を少なくしてもよいでしょう。

### POINT 5

**葉水を与える**

与えなくても健康に育ちますが、葉の汚れを流したり新芽の時期に湿度を補ったりして生育に良い影響を与えます。夏は日中、冬は夕方以降葉に与えて水分が残らないようにするのがポイント。水分が残ると葉焼けの原因になります。

---

## 留守にするときの水やりは

**夏**　出かける前に水やりをしても、3日以上だと水切れが心配。給水器を使用したり、気温差の少ないバスルームに避難させます。5日以上の場合は知り合いに頼むことも検討を。また、無風で急激に温湿度が上がると植物はぐったりしてしまいます。併せてエアコンのタイマー機能で日中数時間のみ稼働させるなど工夫を。

**冬**　3日程度なら比較的安全です。ただし、出かける直前に水やりをしたあと部屋が冷えると根も傷んでしまいます。エアコンのタイマー機能を活用し、朝晩の冷え込む時間帯に稼働させて冷えを防ぎましょう。

土が乾くと水分を与える給水器。

# 肥料

肥料は観葉植物の健康状態を良くすることができます。
時期・用量用法を守り与えましょう。

## ● 肥料の必要性

観葉植物は、地面に植えられて育つ場合とは違い、植木鉢という限られた土の量と環境で育てるため、育てていくうちに土内の栄養分が減っていってしまいます。それを補うために、定期的に肥料を与え栄養分を補うことが必要です。

### 覚えておきたい３大栄要素と２次栄養素

肥料には、観葉植物の生長に必要不可欠な３大栄要素と呼ばれる栄養分が含まれています。私たちにたとえると、主食である米やパンなどのイメージです。市販の肥料には必ずその３つの栄養素の割合が書かれていますので、それぞれの要素が何に効くのかを知っておくと株の状態に合った肥料が選べるというわけです。例えば、今年は葉を大きくしたいぞ！という場合はこの栄養素が多い肥料を選ぶ、といったことができます。ただ、一般的に「観葉植物用」と書かれた肥料は、根葉茎実などにまんべんなく効果が

ある配合になっていますので、元気に育っている株については観葉植物用を選べばよいでしょう。
次に、２次栄養素というのは主食である３大栄養素のサポート役のようなものです。植物の生長を活性化させてくれる効果があり、活力剤と呼ばれて販売されています。活力剤には微量成分も含まれており、私たちでいうビタミン剤や栄養剤のようなイメージです。
この３大栄養素と２次栄養素を上手に取り入れることで、観葉植物は元気に育ちます。

## ● ３大栄養素

| 窒素 N | リン酸 P | カリ K |
|---|---|---|
| 「葉に効く」。葉や茎の生育促進。体を大きくする栄養素。 | 「花と実に効く」。花や実付きを良くし、根も伸ばしてくれる栄養素。 | 「根に効く」。根の生長を促進させ、植物の体の抵抗力を上げてくれる栄養素。 |

どの栄養素が何に効くかを思い出すには…、
「窒素・リン酸・カリ ばかね（葉・花・根）」と覚えておきましょう

## ● ２次栄養素

マグネシウム、カリウム、イオウのこと。栄養の運搬、栄養吸収の補佐、細胞の強化などの役割があります。活力剤にはそのほか生育を助ける微量成分も含まれています。

### 時期は春〜秋

温度が35度以上になると吸収効率が下がるため、真夏を除いた春から秋が肥料の適期です。真冬は根を傷めることがあるので使用しません。

POINT
2

### 分量を守る

多過ぎると根を傷めることがあり、少な過ぎると効果が薄まります。パッケージに書いてある分量を使用しましょう。

POINT
3

### NGなタイミングもある

植え替え直後は根を傷めてしまうため使用しません。1カ月後を目安に再開します。肥料成分が少ない活力剤や発根剤などの使用は可能です。

POINT
4

### 肥料と活力剤の合わせ技で育てる

肥料は生きるために絶対に必要な栄養素。活力剤はより元気に生きるための栄養素。肥料を与えるタイミングで活力剤を与えると効果的。

液体肥料

固形肥料

## 肥料の種類と使い分け

### 液体

液体タイプの肥料。希釈して使用したり、希釈せず使用できるものもあり、水やりのタイミングで希釈して与えます。即効性があるが効き目は短いです。

### 有機

動物由来・植物由来の自然の肥料で、微生物の活動を活発化させて土壌を良くするはたらきがあります。土に混ぜたり乗せたりして使用します。自然由来のため成分にバラつきが出ます。ゆっくり長く効くが、匂いが強く出ることが多いです。

### 固形

固形タイプの肥料。土上に載せたり土中に混ぜたりして使用します。土が湿っているときにだんだん溶けていき、ゆっくりと土内に栄養が染み込みます。効果が出るまでやや時間がかかりますが長い間効果が持続します。

### 化成

無機物から生成した化学肥料。水に溶けて効果が現れます。即効性があるが効き目は短いです。匂いはなく成分が安定しています。

# 葉の手入れ

観葉植物を美しく保つために、葉のお手入れも行いましょう。
葉っぱの状態は健康のバロメーターでもあります。よくある症状と原因もまとめました。

## POINT 1

### 枯れ葉、黄色い葉を切り取る

観葉植物は、古い葉や不要な葉は黄色く色を変えやがて枯れ落ち、その代わりに新芽が出て育つというように新陳代謝を回しながら育ちます。黄色くなった葉は取り除きましょう。主に下のほうの葉や混み合った場所の葉が黄色くなります。全体的に黄色くなった場合は水切れが考えられますので水やりの頻度を見直しましょう。また、水切れで葉先だけが黄色くなることもあります。その際はハサミを斜めにして葉の先端を剪定するようにします。

## POINT 2

### 汚れやほこりはきれいにする

葉にほこりやちりが積もっていると、光合成に必要な葉緑素を覆ってしまうため、光合成が阻害されてしまい、本来よりも作られる栄養が少なくなってしまいます。また、呼吸もしづらくなってしまい元気がなくなってしまいます。こうしたことがないように、日頃から葉を拭いてきれいにしましょう。葉の表と裏どちらもケアするのがポイントです。霧吹きで葉水をして洗い流すか、濡らしたタオルで優しく拭きましょう。

## POINT 3

### トラブルをチェックする

葉っぱの状態は健康のバロメーターと書きましたが、植物は根や土環境の異常や環境要因の状態不良などを、葉っぱにシグナルを出して教えてくれます。シグナルの出方で、ある程度どんな要因なのかを絞ることができるため、早く気づくことですばやく対処ができ、大きなトラブルにならずに済みます。葉のお手入れの際は、葉を触り、裏表を観察しながら行いましょう。特に、虫は葉裏に住みつくことが多いのでよく確認を。

### 艶を出しながら葉を元気に

「艶出しスプレー」は、葉の汚れやカルシウム沈着を目立たなくし、光沢を与え、ホコリや水滴の痕などの付着を防ぎます。蒸散を抑制し、葉の色を保ちます。

# 主な葉のトラブル

## クシュッとちぢんでいる

水切れが続くとそのようになることがあります。根が生きていればたっぷり水やりをすることで新しい葉が出てきますので、腰水（＊）の方式で水やりします。また、寒さでもこの症状になることがあります。暖かい場所に移動しましょう。

## 垂れてきた

水のやり過ぎ・やらな過ぎ、寒さ、日照不足などが考えられます。寒さが原因の場合、同時に葉の色が黒くなることが多いです。日照不足が原因の場合は葉色が薄くなることが多いです。水やりに関しては、基本の水やりの管理ができているかを今一度確認してください。

## パリパリに乾燥している

水切れを起こしています。根がまだ生きていれば新しい葉が生えてきます。下からたっぷりと水を吸わせる腰水（＊）の方式で水を与え、明るく暖かい場所で管理しましょう。枯れた枝葉はカットします。

## ベタベタしている

カイガラムシやアブラムシがついている可能性が高いです。ベタベタするのは排泄物で、テカテカと光っているように見えます。排泄物がある上に虫がついていますので、ブラシや濡れたタオルなどで取り除き専用の殺虫スプレーを散布します。

## くったりとしおれている

この症状は根か環境に要因があることが多いです。暑さや寒さで根が傷んでしまっている、水のあげ過ぎ・あげな過ぎの可能性があります。根腐れや水切れは夏休みや冬休みの不在時に起こりやすいため、p.53の水やりポイントを参考に対策を。

## 落葉する

葉の色が緑のまま葉が落ち続ける場合は、環境が合っていないか根腐れの可能性があります。葉の色が黄色くなって落葉する場合は、季節の変わり目であれば新陳代謝で落としているだけの場合も。また、根詰まりや水切れでも同様の症状が出ます。

## 白く変色している

真夏の直射日光による葉焼けの可能性が高いです。ほんの10分屋外に出してしまっただけでも焼けてしまうことがあるので注意しましょう。一度焼けてしまった葉は元には戻りません。焼けた葉は、気になるようなら秋までに剪定をします。

## 黄色く変色している

水切れやハダニの可能性が高いです。ハダニの場合、かすれたように葉の色が抜けて黄色くなります。手で葉を触るとざらざらとちりのようなものがつきます。ハダニは見つけたらすぐに水洗いしスプレータイプの薬剤を使用しましょう。

## 黒く変色している

水のあげすぎ、寒さ、日照不足などの可能性があります。暗く寒い環境に置いているようであれば、明るく暖かい場所へ移動します。変色した箇所は春〜秋に剪定し切り落とします。水やりに関してはp.53のポイントを確認しましょう。

＊水を張った容器に鉢ごと入れて、鉢底から水を吸わせる方法。鉢の中にまんべんなくしっかり水が行き渡る。

# トラブル対策

きちんとお手入れしながら育てていても、根の状態が悪くなったり病気にかかってしまったりと
大小のトラブルは起こりえます。症状と対処法を知っておきましょう。

## ● 根腐れ

根腐れとは、名前の通り根が腐って傷んだ状態のことをいいます。
根の先端から少しずつ腐っていき、次第に観葉植物全体に菌が行き渡り枯れてしまうことも。
初期に対応すれば改善できますので、日々の観察を心がけましょう。

**こんな症状**

水やり後なかなか
土が乾かない

葉が黒ずんできた

全体にぐったりして
元気がない

土にかびが
生えている

**原因**

水の頻度が多過ぎる、風通しが悪いまたはまったくない、日当たりが悪い、土の量が多すぎる、肥料のあげ過ぎなどで起こります。土がずっと湿っている状態が続き根が腐ってしまうのです。肥料はあげ過ぎると肥料焼けを起こし根が枯れてしまうため、根が小さくなり結果根が水を吸う力が弱くなり、土が湿った状態が続くため根が腐ってきてしまいます。

**対処法**

植え替えをします。植木鉢から株を取り出し、腐った根を取り除きます。このとき根が極端に小さくなるようなら植木鉢のサイズも下げます。同じ鉢を使用する場合は水洗いを。鉢底石を敷き、観葉植物用の土を入れ、植え込みます。水やりは3日～1週間後に行い、レースカーテン越しの明るさで、風通しがある場所で管理します。傷んだ葉は剪定します。

## ● 根詰まり

根が植木鉢の中いっぱいにぎゅうぎゅうに詰まってしまい、窮屈で苦しくなり、
生長を阻害してしまっている状態をいいます。土の量も減り水を吸いづらくなってしまうため、
葉が黄色くなり落ちるという症状が見られます。

**こんな症状**

水やり後すぐに水が
鉢底から出てきてしまう

鉢底や表面から
根が出ている

葉が
黄色くなっている

植木鉢に
ひびが入っている

**原因**

観葉植物が生長しているのに、長い間植え替えをしていないことが原因です。観葉植物が生長すると同時に根も伸びて生長していますが、植木鉢という限られたスペースなのでいずれ植木鉢いっぱいに根が回ってしまいます。土も痩せて保湿性も下がっているため根が水を吸い上げづらい環境となり、根が水分を十分に得ることができなくなってしまいます。

**対処法**

春～秋の適期に植え替えを行います。サイズアップが可能な場合は、ひとまわり大きい鉢へ植え替えます。そのときに、根をほぐし古い根を落として新しい土に入れ替えます。これ以上サイズを大きくしたくない場合は、根の1/3を目安に小さく剪定し、同時に同じ分量の枝葉も剪定し、既存の鉢を水洗いしてから新しい土を入れて植え替えましょう。

## ● 病害虫

病気や虫で具合を悪くすることがありますが、ほとんどは初期症状で対処すれば
大きな影響が出ることはありません。症状・原因・対処法を知っておきましょう。

| | 症状 | 原因 | 対処法 |
|---|---|---|---|
| うどんこ病 | 名前通り、白い粉をまぶしたようなものが葉の表面に見られます。これは葉の組織を伝ってかびが広がっている状態です。どんどんほかの葉に移ります。症状が進むと葉の栄養を吸われて葉が枯れてしまいます。 | 植物に潜む糸状菌と呼ばれる微生物の胞子が風などに乗って飛散し、葉について感染します。弱っているときは春秋の涼しい時期の感染が多いですが、観葉植物は室内で育てるため比較的かかりづらい病気です。 | 発生箇所を迅速に切り取ります。その後、専用の薬を散布します。ホームセンターで購入することができます。また、日頃から風通しを良くして明るい場所で管理し健康な株に育てることが予防になります。 |
| すす病 | 幹や枝にすすを撒いたような黒い粉のようなものが見られます。初期症状の時は葉に数枚広がる程度ですが、幹や葉全体に広がってしまうことも。こすると簡単に剥がれ落ちます。 | アブラムシやカイガラムシ、コナジラミなどの虫が散布するベタベタする排泄物が原因です。その排泄物にかびが発生した状態がすす病です。原因菌は複数ありますが症状や発生環境は同じです。 | 大本の要因である害虫を駆除するのが一番の対処法です。水洗いでこすりながら葉と枝を洗ったあと、乾燥させてから専用の薬剤を使用し駆除します。すすが取れない部分は剪定し切り落とします。 |
| 炭そ病 | 葉に茶色や黒色の斑点が広がり、症状が進むと斑点の中央が白くかすれたように枯れてしまいます。 | 炭そ病はかびの一種です。高温多湿を好み、雨風や水やり時の土の跳ね返りなどで感染します。風通しが悪い環境や、置き場所が暗いなど土が乾燥しづらい環境で発生しやすくなります。 | 風通しを良くして、高温多湿を避けて管理します。梅雨の時期や夏はサーキュレーターを活用し環境改善をすることをおすすめします。かびが発生した葉は取り除き、専用の薬剤を散布します。 |
| ハダニ | 初期は葉に小さな白い斑点が出ます。増えていくと葉がかすれたように色が抜けていき、次第に枯れてしまいます。数が増えると枝の分岐箇所や葉の裏表に蜘蛛の巣が張ったようなものも見られます。 | 風に乗って飛散したり、流通経路で衣類や靴についたりして観葉植物に付着します。20〜30度の気温で活発に行動し乾燥する場所を好むため、エアコンを長時間使用している部屋や空気の流れが悪い場所で発生しやすい。 | 濡れたタオルで葉の表裏、枝を拭きあげるか、シャワーで全体を洗い流します。乾燥させたら専用の薬剤をスプレーします。水分を嫌うため、霧吹きをかけて予防することができます。 |
| アブラムシ | 新芽や葉裏について、栄養を吸い取り葉もボロボロになります。目視できるのですぐに確認できます。群れて数が増えると被害が深刻になります。排泄物がベタベタするのでそれで気づく場合もあります。 | 窒素成分の多い肥料の与え過ぎや、風通しの悪い環境や日当たりの悪い環境で発生することが多いです。屋外の農作物から移る場合などもあります。 | 物理的に取り除きます。シャワーで洗い流すか、粘着性のあるテープで取り除きます。その後、専用の薬剤をスプレーし、取り除き漏れたアブラムシを駆除します。 |
| コバエ | 土の上や部屋にコバエが飛ぶ。水やり後に孵化して土中から出てくるため、水やり後に発見することが多い。 | 風通しが悪い、水のやりすぎ、マルチングの使用などで土が常に湿っている状態が続いている、有機用土や有機肥料を使用していることが原因となることが多いです。 | 上から2、3cm土を取り除き、赤玉土などの無機物な素材に変える、植木鉢全体を水没させ、中のコバエを窒息死させる、水やり後に出てくるコバエを専用の薬剤でスプレーし駆除するなどの方法があります。 |

# 樹形の手入れ

観葉植物の生長に合わせて剪定をしてあげることで、樹形が崩れて不恰好になるのを防ぎます。
また、定期的な剪定は株を健康に育てるためにも欠かせません。

## POINT 1

### 生育期に行う

剪定は、春夏の生育期に行います。梅雨の時期はできれば避け、晴れてカラッとした日が良いです。この時期は生育が旺盛ですので、剪定後に新しい葉が出て生長するため樹形のリカバリーも早くなります。冬の休眠期に剪定をすると剪定箇所が水分でかびてしまったり菌が発生し、そこから株が傷んでしまうことがあります。剪定は体力のある暖かい時期に行いましょう。

## POINT 2

### 混み合った枝を切る

枝や葉が生長し伸びてくると、同じ場所に葉がたくさん重なってきてしまいます。そのままにしておくと、その部分に光や風が入りにくくなってしまい、その結果光合成がしづらくなったり虫や菌の温床になったりします。ボリュームのある姿が好きだという方もいるかもしれませんが、健康な生育のために混み合った枝葉は間引くようにして剪定し、風と光が入るようにします。

## POINT 3

### 平均で2〜3年に1回のペース

剪定のタイミングは、その観葉植物の生長スピードにもよりますが、平均で2〜3年に1回は必ず剪定しましょう。古い葉や不必要な葉を剪定し整理することで、根からの栄養が新芽にしっかり行き届くようになり生長が促されます。リーフタイプの植物など枝がない植物も、剪定せずとも、大きく広がった下葉や黄色くなった古い葉を手で取り除くなどして樹形をすっきりさせましょう。

元気がない葉や古い葉は思い切って剪定を。なくなったぶん、そこに行っていた栄養を元気な新芽に届けることができます。

## ● 剪定してみよう

購入してから2年経ったシェフレラの大株。葉が茂ってきたので剪定のタイミングです。
左のポイントを参考に、一緒に剪定の手順を追って見てみましょう。
何度も引いて見て、全体の樹形を確認し、微調整しながら進めます。

**1**
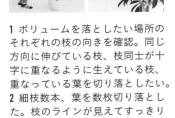

**2**

**Before**

**1**

**2**

**1** ボリュームを落としたい場所の
それぞれの枝の向きを確認。同じ
方向に伸びている枝、枝同士が十
字に重なるように生えている枝、
重なっている葉を切り落としたい。
**2** 細枝数本、葉を数枚切り落とし
た。枝のラインが見えてすっきり
した。

**3**

**4**

**1**

**2**

**1** 葉が生い茂り幹のラインが隠れ
てしまっているので、枝を見せた
い。
**2** ボリュームが多いので、根本か
ら剪定をする。
**3** 剪定口。ハサミは枝と垂直にな
るように当てて切り口がまっすぐ
になるように切る。この調子で枝
の根本から剪定し間引いていく。
**4** Y字の枝が見えるようになって
スタイリッシュになった。

**After**

**3**
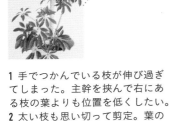

**1** 手でつかんでいる枝が伸び過ぎ
てしまった。主幹を挟んで右にあ
る枝の葉よりも位置を低くしたい。
**2** 太い枝も思い切って剪定。葉の
すぐ上でカット。
**3** 元々の長さの約半分くらいの長
さに。葉のボリュームは残した。

### ハサミを入れる場所

ハサミを入れる場所は、
切りたい位置に一番近い
葉っぱのすぐ上。枝の中
央あたりで切ってしまう
と茶色く枯れ込み、見た
目に影響します。

# 鉢を選ぶ

観葉植物は根と枝葉の生長に合わせ、植え替えをしながら育てます。
健康に育てるためには、植物のサイズに合った植木鉢を選んであげることがポイントです。

鉢のサイズと土の容量の目安

| 号数 | 直径 | 土の容量 | 号数 | 直径 | 土の容量 |
|---|---|---|---|---|---|
| 3号 | 9cm | 0.2〜0.3ℓ | 8号 | 24cm | 4.9〜5.2ℓ |
| 4号 | 12cm | 0.5〜0.6ℓ | 9号 | 27cm | 7.3〜7.8ℓ |
| 5号 | 15cm | 1〜1.3ℓ | 10号 | 30cm | 8.2〜8.7ℓ |
| 6号 | 18cm | 2〜2.2ℓ | 11号 | 33cm | 9.5〜10ℓ |
| 7号 | 21cm | 3.3〜3.5ℓ | 12号 | 36cm | 13〜14ℓ |

鉢が大き過ぎても小さ過ぎても根がうまく育ちません。サイズアップの際は1サイズずつ大きさを上げていきましょう。

3〜5号　直径9〜15cm

～80cm

5〜6号　直径15〜21cm

## POINT 1

### 樹高に合った鉢のサイズを選ぶ

植木鉢の適切なサイズを選ぶには、樹高を目安に選ぶ方法があります。観葉植物の樹高と鉢のサイズの目安を下の写真に記載しました。リーフ系や多肉系の樹種は樹高が低い品種が多く、多少目安のサイズよりも低くなりますので木本タイプの目安としてご覧ください。

## POINT 2

### 植え替え後の生育を考える

観葉植物の根は、鉢が小さ過ぎるときゅうくつで生長が止まってしまいます。逆に鉢が大き過ぎると土の水分量が多過ぎて根が腐ってしまいます。元々の鉢の大きさよりもひとまわり大きいサイズを選びましょう。根が伸びやすくなり生育も良くなります。

80〜110cm

110〜140cm

7〜8号　直径21〜24cm

9〜10号　直径27〜30cm

# 植え替える

植え替えは植木鉢で観葉植物を育てる際には必ず通るお手入れです。
ハードルが高そうですが、コツとポイントを押さえておけば大丈夫。ぜひチャレンジしてみてください。

## POINT 1

### 生育旺盛なものは1年に1回

植え替えは、下にまとめたサインが出たらタイミングです。剪定と同様、最低でも2〜3年に1回は植え替え（土替え）を行いますが、生育旺盛な株や、小鉢で育てていて元々土の量が比較的少なめの場合などは植え替えのサインが出ていたら毎年植え替えてもよいでしょう。植え替えをすると根の生育が促進され、どんどん生長します。早く大きく育てたい株はサインが出たら植え替えをすると、理想のサイズへの近道になります。

### 植え替えのサイン

● 鉢の大きさと樹高のバランスが悪くなった
● 鉢底から根がたくさん飛び出ている
● 水やり後の水の浸透が悪い
● 鉢土の乾きが速い
● 元気がない

## POINT 2

### 5〜9月に行う

植え替えは、土から根を出す作業です。観葉植物にとっては人間の手術と同じようなもので、とても体力がいるイベントです。リスクを少なくするため、元気な生育期に行います。最低気温が安定して15度以上が作業可能な気温です。ただし、35度以上の猛暑が続くような場合は、植物も疲れていますし植え替え後の根傷みが心配なため避けます。秋はサイズアップの植え替えのみ行うようにしましょう。

観葉植物は、土が含む水分を土を介して吸収しています。根が鉢いっぱいに伸びると、土に接することができない根は水が吸えないのです。

## ● 観葉植物に向く土

大小大きさが違う粒が交ざっており、保水性・保肥性と排水性のバランスが良い配合の土が適しています。保水性が低いと、水やりの頻度が高過ぎて枯らしてしまったり、肥料を与えても土に吸収されずに流れ出てしまったりします。排水性が低いと、土が乾きにくく根腐れの原因になります。ホームセンターなどで「観葉植物用の土」と書いてある土はバランス良く配合されていますので、はじめはそうした市販品を使用しましょう。

### 選び方

● 初心者は観葉植物専用の土がおすすめ。元肥も不要。

● 大小の粒状の塊がバランス良く交ざっている土は通気性・排水性が良い。

● 有機物無配合を選ぶと虫がわきにくい。

鉱物や火山灰などの無機物を使用したり、熱処理を加えたりした清潔で虫が出にくい用土が観葉植物用として販売されています。色が白い土は光が反射し葉に光が当たりやすくなる効果も。

## ● 観葉植物に向く元肥

緩効性のゆっくり長く効くタイプで、チッソ成分が多いものが向いています。効果は2年ほど持続するものもあります。原料は有機肥料なら油かす、米ぬか、草木灰、腐葉土、魚粉、骨粉、または緩効性化成肥料などです。観葉植物用の土を植え替えに使う場合は、化成肥料の元肥が配合されていることが多いため、追加で元肥を入れることは不要です。

写真は栄養バランスが良く品質が安定しているペレットタイプの元肥。長くよく効く。

## ● 植え替えしてみよう

植え替えの時期は、最低気温が15度以上となる5〜9月が目安です。
猛暑期は避けます。使用する道具は、植木鉢・観葉植物専用土・鉢底石、シャベル、
鉢底網、棒（箸など）、ジョウロ・グローブ・シートなど。準備ができたらはじめましょう！

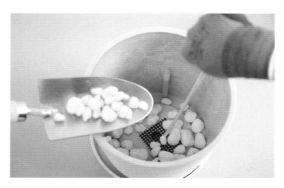

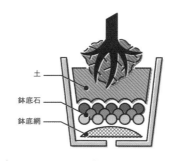

# 10

**1** 鉢底網を底穴の上に置き、鉢底石を敷く。

鉢底穴の上に網を置き、ずれないように箸などで押さえながら鉢底石を入れます。網が隠れ、石が2層程度に重なるように敷きます。

土 ─
鉢底石 ─
鉢底網 ─

> 土の下に鉢底石を敷いておくことで、
> 排水性と通気性を保ちます。

**2** 新しい土を入れる。

スコップを使い、鉢底石が見えなくなる程度の量の土を入れ、平らになるようにならします。

**3** 植物を元の鉢から出す。

植物を鉢から取り出す際には、植物の根元を持って、鉢のふちを上から叩くと簡単に抜けます。根が鉢底から出ている場合はカットします。

**4** 不要な土を落とす。

根周りの土は軽くほぐす程度にし、主に根の外側の固まった土を落とします。傷んだ根があれば取り除きます。スピーディーに。

**5** 植物を新しい鉢に植え込む。

葉っぱがたくさん向いている面を正面にします。株が鉢中に深くもぐり過ぎるようなら根の下に土を足して高さを調整します。

**6** 周りに土を入れる。

周りに土を入れていきます。箸で土をつつき根の間や鉢底・側面に土を行き渡らせましょう。根を傷つけないように優しく。

**7** 株元と縁周りの土を固定する。

株がまっすぐなのを確認し、手で株元と縁周りの土を押し固定します。株元は軽く、縁周りはぎゅっと押し込みます。

**8** 土をしっかりならす。

鉢を机や床などにトントンして土をならします。ぐらつくようなら **6**、**7** を繰り返します。

7号以上なら
5cm以上

**9** 表土の高さを確認する。

表土は、水やりの際に土がこぼれないよう余裕のある高さにします。6号鉢以下なら2、3cm、7号以上なら5cm以上が目安です。

**10** 水やりをして土を締める。

鉢底から出るまで水やりすることで、土内の余分な空気が出て土も締まります。受け皿に溜まった水は捨てます。

**完成**

新しい鉢への植え替え完了です！ 植え替え後の植物は少なからず疲労しています。2、3週間は肥料をあげるのは控えましょう。

# よくある質問

観葉植物を育てている人から届く、よくある質問への対処法をまとめました。
はじめに読んでおき、困ったときにはこのページを頼りに対応してみてください。

## QUESTION 1

### 購入してすぐに
### 元気がなくなりました。

環境が変わると観葉植物には少なからずストレスがかかっています。明るく風が通る場所に置き、経過を観察しましょう。元気がないからと場所を何度も変える、水やりを毎日するなどは避けます。葉落ちは1カ月ほどすると落ち着くことが多いです。ただし、株がぐったりして枝葉が垂れ下がったり、明らかに株元が黒ずんで傷んでいたりする場合は株の状態がはじめから悪かった可能性もありますので購入店舗に相談を。

## QUESTION 2

### 大きくするつもりはなくても
### 肥料はあげたほうがいいですか?

はい。植木鉢という限られたスペースで育てる場合、生長にともない土の中から必須栄養素が根に吸収され、少しずつなくなって少なくなってしまいます。肥料を与えることで葉の色が良くなり、株も健康になるので、適期である春〜秋に与えるようにしましょう。サイズを大きくしたくない場合は、株分けや剪定をしながら大きくなり過ぎないように管理することができます。

## QUESTION 3

### 夏の間に観葉植物を
### 外に出してもよいですか?

直射日光が当たる日中は避けたほうがよいでしょう。日陰でも、ベランダなどはコンクリートが太陽で熱され、根がやけどしたり、照り返しで葉が焼けたりすることもありますので、真夏はできるだけ屋外に出さないのが無難です。曇りの日や日陰が確保できる場合は午前中や夕方に出しましょう。多肉植物など一部屋外の環境を好む品種に関しては、その限りではありませんが、葉焼けには気をつけましょう。

## QUESTION 4

### 夏の間、エアコンを
### つけっ放しにしていてもよいですか?

大丈夫です。ただし、エアコンの直風が観葉植物に当たらないように風の向きを調整しましょう。また、空気が乾燥し過ぎないように管理します。加湿器で湿度を補ったり、夕方には窓を開けて空気を入れ替えたりすることをおすすめします。さらに、窓を開けない場合は風の流れが滞ることが多いです。積極的にサーキュレーターなどを活用、部屋全体の空気が流れるように工夫しましょう。

## QUESTION 5

### 剪定したら短く切り過ぎて
### しまいました。復活しますか？

根が元気に伸びている状態でしたら十分復活します。風が通ることで観葉植物は生育が促されるので、早く葉を生やしたい場合は、春秋なら屋外で管理するのもよいでしょう。ただし、剪定した時期が真冬、元気がない株で剪定する量が多過ぎた場合など、株の状態によってはそのまま元気をなくしてしまう場合があります。必ず適期の春〜夏の時期に行いましょう。

## QUESTION 6

### きのこが生えてきました。
### どうすればよいですか？

風通しが良く土にしっかり日が当たるような場所へ移動しましょう。また、マルチングをしている場合は取り除きます。きのこは地中に菌糸をめぐらせているため、本体を取り除いても環境が適していると何度も出てきてしまいます。場所を変えても出てくる場合は、アルコールスプレーを土に直接噴射するのも効果的です。その際は根っこや葉っぱにはかからないようにご注意ください。

## QUESTION 7

### 花や実が出てきました。
### そのままでよいですか？

ある程度観賞し楽しんだら摘み取りましょう。花や実をつけることは非常に体力がいります。そのままつけっぱなしにしておくと葉が黄色くなって落葉したり、葉の色が薄くなってしまうなど葉の生育に影響を及ぼします。摘み取った実は品種によっては種を撒いて育てることもできますので、別の方法で花実を楽しみましょう。ただし、コーヒーの木など収穫を楽しみたい場合はもちろん実を最後まで育て収穫を楽しみましょう！

11

### QUESTION
### 8

#### 元気なら買ったときの
#### プラ鉢のままでもよいですか?

はい。鉢底から太い根が何本も出ている状態ではなく、水やりをしたときしっかり土が水を含んだあと鉢底から水が出てくるようであれば、今すぐ植え替える必要はありません。土の量もたっぷりあれば半年〜2年ほどは植え替えをしなくてもよいでしょう。植え替えない間は、春〜秋に肥料を与え、土内の栄養を補うようにすると株もより元気に育ちます。

### QUESTION
### 9

#### 置き場所がどうしてもエアコンの風が
#### 当たるところになってしまいます。

置き場がその場所以外に確保できないようでしたら、風の向きを変えて当たらないようにしましょう。どうしてもエアコンの風が当たってしまうようでしたら、エアコンの風に当てるようにサーキュレーターの風を当て、観葉植物に直風が当たらず、空間全体の空気が動くように工夫を。エアコンの直風は、人間がずっと扇風機の直風を当てられているようなもので、いずれ体調を崩してしまいます。

### QUESTION
### 10

#### 鉢土が
#### 固まっています。

長い間植え替えをしないまま育てていると、土が固まり痩せていってしまいます。2〜3年に1回は植え替えをして新しい土に入れ替え、ふかふかで空気が入りやすい土壌にしてあげましょう。鉢土が固まっていると、根がうまく育たなく、呼吸もしづらくなり結果生育が悪くなってしまいます。真冬で植え替えができない場合は、固形の土壌改良剤などを使用し有機物の働きで土の改善をすることもできます。

観葉植物に
寿命はありますか?

正確にはありません。根が生きている限り、適
切なお手入れを続ければ毎年新しい芽が出て育
ち続けます。植え替えをしながら育てている方
で、「10年、20年育てています」という方は多
いです。大きくし続けると置き場に限界があり
ますが、株分けや剪定をすれば長い間室内で楽
しめます。ぜひ本書のお手入れを参考に、お手
元の観葉植物も長生きさせてくださいね。

観葉植物で
寄せ植えはできますか?

できますが、好む環境や水の頻度が似ているも
のに限ります。例えば極端ですが、日当たりと
乾燥を好む多肉植物と、日陰と湿度を好むシダ
植物を同じ鉢に寄せ植えてしまえば、シダに合
わせて半日陰の場所に置き、水の頻度を高くす
ると、多肉植物には暗過ぎて水が多過ぎるため、
状態不良に陥ります。同じ科や属の植物を寄せ
植えにし、お互いが干渉しないようにこまめに
剪定するのがコツです。

肥料を定期的に与えても
元気がありません。

肥料の与え過ぎの可能性があります。寒い時期
に与えたり、通年与え続けたり、用量を守らず
に与えると逆に根を傷めてしまう場合がありま
す。また、置き場の環境や水の頻度がその観葉
植物に合っていない場合もあります。改めて育
て方の基本とその植物が好む環境を確認し、気
になるところがあれば改善しましょう。元気が
なくなる原因はさまざまなので、多角的に可能
性をさぐってみましょう。

冬は窓辺に置かないほうが
よいと聞きましたが本当ですか?

はい。観葉植物は熱帯や乾燥地帯を原生地とす
る品種が多く、基本的には明るく暖かい環境を
好みます。日本の冬は観葉植物にとっては寒い
のです。寒さに当たると葉が焼けたり、根が冷
たくなり傷んだりしてしまうことがあります。
冬の間は寒気が入りやすい窓際に置くのは避け、
お部屋の中のほうに入れて管理しましょう。壁
や床も冷えます。プランツスタンドなどを使用
して壁からも床からも離すとよいでしょう。

QUESTION

## 15

植物が傾いてきました。
どうすればよいですか?

支柱を立てて株がまっすぐに立つように添え木し矯正しましょう。もしくは、一度鉢から株を取り出し、株がまっすぐになるようにして植え直します。傾く場合は、剪定を長い間していないため葉が重くなっている場合が多いです。定期的な剪定を心がけましょう。また、植物は太陽の向きに葉を向ける傾向がありますので、定期的に鉢を回してまんべんなく太陽が当たるようにすると樹形が崩れにくいです。

QUESTION

## 16

観葉植物は欲しいけど、
やっぱり虫が気になります。

観葉植物は有機物の土に植え、自然のものを室内に持ち入れて育てているため、虫の出現をゼロにするのは難しいです。ですが、虫が出ないように、増えないようにする対策はたくさんあります。風通しを良くする、よく日に当てる、霧吹きをして葉に汚れが溜まらないようにする、予防の薬剤を使用するなどです。また、水耕栽培は有機物を使用しないため虫のリスクは低くなります。工夫して観葉植物を楽しんでみてください。

QUESTION

## 17

葉っぱの先が
茶色く枯れてしまいます。

水が不足している可能性が高いです。土の乾き具合をこまめに確認し、水切れに気をつけましょう。エアコンの風が当たっているなど空気の極端な乾燥でも症状が出る場合があります。ほかにも、セメント鉢などは鉢自体も乾燥すると水を吸うため、水を与えても以外と土の中まで浸透していないこともあります。水やりの際は鉢底から水が出るまでたっぷりと与え、鉢がずっしり重くなったことを確認するようにしましょう。

QUESTION

## 18

幹から根っこのようなものが
生えてきました。

気根と呼ばれるもので、熱帯の植物によく見られます。観葉植物では、ガジュマルやベンガレンシスなどのフィカス類やモンステラなどで見かけることができます。気根は空気中の水分を吸収したり、体を支えるなど、根と同じような役割を持ちます。病気などではありませんので安心してください。生長に伴い伸びて来たときは、土に誘導してあげましょう。

CHAPTER

4

お気に入りに
出会える
観葉植物図鑑

# 図鑑の見方

**①**

科の学名です。図鑑は植物の特徴や育て方の共通点が多い「科」ごとに紹介しています。

**②**

葉や樹形、性質など、科全体に共通する特徴を解説しています。

**③**

科全体に共通する育て方のポイントを3つ挙げています。

**④**

このページで紹介する植物の名前（流通名）です。

**⑤**

植物の樹形や葉の特徴、性質などを解説しています。

**⑥**

植物の育て方アドバイスとポイントです。

**⑦**

植物を育てるにあたって知っておいてほしいデータをアイコンでわかりやすく表記しています。
● 最低気温は、観葉植物の生育のために10度以上確保するのが基本です。
● 日当たりについては以下をご参照ください。
**明るい場所**：とても日光を好む。レースカーテンなしの窓際を好むが、真夏はレースカーテン越しで管理する。
**普通**：日光を好む。1年を通してレースカーテン越しの光で育てる。
**耐陰性あり**：少ない日光でも育つ。明るさがないのはNGだが、太陽の薄日が4時間以上当たる、または電気がついている時間が長い部屋ならOK。

**⑧**

さらに詳しい植物の情報、育て方、トラブル対処法、花言葉、風水などを掲載しているサイトにリンクされています。

**⑨**

植物の全体写真と、葉など特徴あるところをアップにした写真です。

# Moraceae / Ficus

## クワ科　イチジク属

クワ科は木本タイプの観葉植物を代表する科になります。多く
は卵形の葉をつけており、サイズと品種が豊富なのが特徴で
す。曲がり樹形などに仕立てた樹形も人気です。昔から「ゴム
の木」と呼ばれ、インテリアになじみやすいナチュラルな姿と、
水持ちが良く育てやすいことから観葉植物として長く親しまれ
ています。

### POINT 1

### 育てやすい

アジア原産の品種が多く日本の
環境で育てやすい。水持ちも良
いため管理もしやすい。

### POINT 2

### 曲げ仕立て

この科は幹が曲げやすく、S字
や螺旋状に曲げて仕立てたおし
ゃれな樹形が流通する。

### POINT 3

### サイズが豊富

生産量が多いためサイズも豊富。
置きたい場所にちょうど合うサ
イズが見つかりやすい。

Moracaea / Ficus

# フィカス・ベンガレンシス

## 北欧系、ナチュラル系インテリアにぴったり

カフェなどでもよく見かけるおしゃれな観葉植物です。どんなお部屋に置いても馴染みやすいナチュラルな雰囲気で人気があります。白い幹にマットな質感の葉が特徴。ゴムの木の仲間では生長が緩やか。耐陰性もあり育てやすさも人気の理由です。

### 育て方 POINT

耐陰性があるため部屋の中のほうでも育てることができます。ただし、暗い場所に置いている時間が長いと葉の厚みが薄くなったりポロポロと落ちてしまいます。レースカーテン越しに日が差す明るい場所がおすすめです。ゆっくり育つため管理がしやすく、初心者におすすめ。

| | |
|---|---|
| 原産地 | インド、スリランカ、東南アジア |
| サイズ | テーブル〜XL |
| 最低気温 | 基本（10℃まで） |
| 日当たり | 耐陰性あり |
| 育てやすさ | 育てやすい |
| 花言葉 | 永久の幸せ |
| ペット・赤ちゃん | △ かぶれる |

**育て方の詳細**

# フィカス・アルテシマ

**ライム色の斑入りは空間をぱっと華やかに**

ライム色の斑が入った明るい葉色が特徴で、空間をぱっと明るくしてくれます。葉はクワ科の特徴の卵形で、艶があり先端がやや尖った形をしています。生育旺盛なタイプで、春から夏の生育期には新芽をたくさんつけて枝を伸ばします。

| | |
|---|---|
| ◎ 原産地 | インド、東南アジア |
| ⊔ サイズ | テーブル〜XL |
| 🌡 最低気温 | 基本（10℃まで） |
| ☀ 日当たり | 明るい場所 |
| ♀ 育てやすさ | 普通 |
| 💬 花言葉 | 永遠の幸福 |
| 🐨 ペット・赤ちゃん | △ かぶれる |

育て方の詳細

### 育て方 POINT

斑入りの植物は明るい場所に置くのがポイントです。明るい場所でたくさん光合成をさせると葉色の濃淡がくっきり出て、葉のハリも良くなります。アルテシマは生育旺盛なため、定期的に剪定を行い樹形を整えながら育てましょう。水やりはメリハリをつけて。

# フィカス・アムステルダムキング

## 枝垂れるように育つゴムの木は珍しい

ゴムの木では珍しく、枝垂れるような姿に育ちます。春の生育
期に見られる新芽のピンクブラウンの色味は必見です。美しい
曲がり樹形もあり、インテリアグリーンとしても優秀な１本。
ショウナンゴムの改良種で、比べると葉幅が広いのが特徴です。

| | |
|---|---|
| ⊙ 原産地 | 東南アジア |
| ⌴ サイズ | S〜XL |
| 🌡 最低気温 | 基本（10℃まで） |
| ☀ 日当たり | 普通 |
| ⚲ 育てやすさ | 育てやすい |
| 💬 花言葉 | 永遠の幸せ |
| 🐻 ペット・赤ちゃん | △ かぶれる |

育て方の詳細

### 育て方 POINT

〰〰〰〰

緑色の葉を持つゴムの木は耐陰
性があることが多く、蛍光灯の
光や薄日の太陽光でも育ちます
が、日当たりと風通しの良い環
境を好みます。水が不足してい
ると葉が垂れ下がり、やがて葉
がパリパリに乾燥します。日頃
から状態を観察しながら育てる
とよいでしょう。

# フィカス・リラータ・バンビーノ（カシワバゴム・バンビーノ）

## 分厚い柏形の葉とワイルドな幹肌が見どころ

フィカス・リラータは葉の形が柏の葉と似ているので、日本では「カシワバゴム」とも呼ばれ流通しています。バンビーノは葉が小さくコンパクトに育つ品種です。肉厚で艶のあるごわごわした葉と、ワイルドなブラウンの幹肌が見どころです。

### 育て方 POINT

耐陰性はありますが、暗過ぎると枝が柔らかくなり垂れ下がります。健康に育てるためにはやはり明るい場所のほうが安心です。ゆっくり育つタイプの品種なので剪定の回数は少なめです。剪定の際は伸び過ぎた分を切り戻します。樹形が暴れることも少ない優等生。

| | | |
|---|---|---|
| 原産地 | 熱帯アフリカ | |
| サイズ | テーブル〜XL | |
| 最低気温 | 基本（10℃まで） | |
| 日当たり | 普通 | |
| 育てやすさ | 育てやすい | |
| 花言葉 | 永久の幸せ | |
| ペット・赤ちゃん | △ かぶれる | |

育て方の詳細

# フィカス・ティネケ

## ゴムの木の中でも葉色・模様の美しさは随一

クリーム色と緑色がやさしく混ざった葉色が特徴です。新芽は
ややピンクがかった色をしています。生長につれ色や模様が変
化するのが楽しめます。数あるゴムの木の中でも葉の美しさは
随一で、インテリアの差し色にもぴったりです。

### 育て方 POINT

◇◇◇◇◇◇

美しい葉色や模様を維持するた
めには、明るい場所で管理する
ようにしましょう。明るさが足
りないと斑が薄くなってしまっ
たり、葉を落としてしまうこと
があります。テーブルサイズで
も差し色としてインテリアの主
役になりますので、小さいサイ
ズもおすすめです。

| | |
|---|---|
| 原産地 | 東南アジア |
| サイズ | テーブル〜XL |
| 最低気温 | 基本（10℃まで） |
| 日当たり | 明るい場所 |
| 育てやすさ | 育てやすい |
| 花言葉 | 永久の幸せ |
| ペット・赤ちゃん | △ かぶれる |

育て方の詳細

# フィカス・ルビー

### 見つけたら手に入れたいゴムの木です

フィカス・ルビーは、濃いめのピンク色の斑が入っているのが
特徴です。赤く色づいた新芽もとても美しく、生長につれ色や
模様が変化するのが楽しめます。インテリアの差し色にもなる
おしゃれなひと鉢。見つけたらぜひ手に入れたい品種です。

| | | |
|---|---|---|
| 📍 原産地 | 東南アジア | |
| ⌴ サイズ | テーブル〜 XL | |
| 🌡 最低気温 | 基本 （10℃まで） | |
| ☀ 日当たり | 明るい場所 | |
| ❗ 育てやすさ | 育てやすい | |
| 💬 花言葉 | 永久の幸せ | |
| 🐻 ペット・赤ちゃん | △ かぶれる | |

**育て方の詳細**

### 育て方 POINT

◇◇◇◇◇◇◇

新芽が出る春〜夏の時期にきち
んと明るい場所で育てると良い
色の葉に育ちます。耐陰性はあ
りますが、暗過ぎるとひょろひ
ょろと徒長してしまったり葉色
が薄くなってしまうので気をつ
けましょう。環境に慣れるとス
クスク育つので定期的な剪定を。

# フィカス・バーガンディー

## モダンな黒葉はオンリーワンの存在感

艶のある真っ黒な葉と真っ赤な新芽とのコントラストが非常に
美しく、モダンな雰囲気を演出してくれます。バーガンディー
ほど綺麗な黒い葉を持つ植物は珍しく、「クロゴム」という別
名の由来となっています。性質は強健で育てやすいです。

| | |
|---|---|
| 原産地 | インド北東部、マレー半島、ブータン |
| サイズ | テーブル〜XL |
| 最低気温 | 基本（10℃まで） |
| 日当たり | 普通 |
| 育てやすさ | 育てやすい |
| 花言葉 | 永遠の幸せ、すこやか |
| ペット・赤ちゃん | △ かぶれる |

育て方の詳細

## 育て方 POINT

◇◇◇◇◇◇

耐陰性はありますが、やはり明
るい場所で管理したほうが株の
状態がよく育ちます。バーガン
ディーはとても強健な性質を持
ち、環境要因でのトラブルが少
ない品種ですので、水のあげ過
ぎによる根腐れにだけ気をつけ
ましょう。水やりはメリハリを
つけて与えてください。

# フィカス・ルビギノーサ（フランスゴム）

## 艶のある小さめの葉がかわいらしい

艶のある緑葉が特徴です。生育期には黄緑色のかわいらしい新
芽をつけ、緑のコントラストが楽しめます。幹肌はブラウン。
原産はオーストラリアですが、フランス人植物学者が発見した
ことがフランスゴムの名前の由来となっています。

| | |
|---|---|
| ◎ 原産地 | オーストラリア東部 |
| ⊔ サイズ | S〜XL |
| 🌡 最低気温 | 基本（10℃まで） |
| ☀ 日当たり | 明るい場所 |
| ❗ 育てやすさ | 普通 |
| 💬 花言葉 | 永遠の幸せ |
| 🐨 ペット・赤ちゃん | △ かぶれる |

育て方の詳細

# ガジュマル

## 枝から伸びる気根と個性的な樹形を楽しんで

育てやすい観葉植物の代表種。幹の形や、株元から出る気根は個体ごとに異なるのが魅力です。原生地でもある沖縄では、精霊キジムナーが棲む樹といわれています。ワイルドな幹と艶のあるかわいらしい葉が魅力で、長い間人気がある植物です。

### 育て方 POINT

◇◇◇◇◇◇

ガジュマルは非常に強健で育てやすい品種です。耐陰性もありますが、暗過ぎると葉落ちしてしまいます。購入したあとは太陽の光がよく当たる明るい場所で慣れさせてから、徐々にお部屋の中のほうに移動すると安心です。出てきた気根は土に誘導してあげましょう。

| | |
|---|---|
| 原産地 | 沖縄・熱帯アジア |
| サイズ | テーブル〜XL |
| 最低気温 | 強い（0℃まで） |
| 日当たり | 普通 |
| 育てやすさ | 育てやすい |
| 花言葉 | たくさんの幸せ、健康 |
| ペット・赤ちゃん | △ かぶれる |

育て方の詳細

# パンダガジュマル

**艶のある丸い葉っぱが愛らしいガジュマル**

パンダガジュマルは、通常のガジュマルよりやや肉厚な丸い葉っぱが特徴です。大株はガジュマルの木にパンダガジュマルを接木して仕立てたものもあります。ガジュマルに比べ、枝がややウェーブするように育ち、生長速度が緩やかです。

| | |
|---|---|
| ◎ **原産地** | 沖縄・熱帯アジア |
| ∟」 **サイズ** | テーブル〜XL |
| 🌡 **最低気温** | 強い（0°Cまで） |
| ☀ **日当たり** | 明るい場所 |
| ⚲ **育てやすさ** | 育てやすい |
| 💬 **花言葉** | たくさんの幸せ、健康 |
| 🐻 **ペット・赤ちゃん** | △ かぶれる |

**育て方の詳細**

## 育て方 POINT

◇◇◇◇◇

パンダガジュマルはとにかく明るい場所で育てましょう。耐陰性があると書かれることも多いですが、日照が不足すると葉を落としてしまいます。左ページのガジュマルと比べるとやや生育速度が緩やかなため、葉が落ちると樹形が整うまで時間がかかってしまいます。

# フィカス・ジン

## グリーンの散り斑と葉色の美しさは必見

散るようにまばらに入った斑と明るい葉色が特徴です。流通量が少なく大株になるほど希少です。小鉢を見つけたら手に入れて、大きく育ててほしいひと鉢です。ゴムの木なので育てやすく、ちょっと変わったものを育てたいという方にもおすすめ。

|  |  |  |
|---|---|---|
| 📍 | 原産地 | インド |
| ⌐⌐ | サイズ | テーブル〜M |
| 🌡 | 最低気温 | 基本（10℃まで） |
| ☀ | 日当たり | 明るい場所 |
| 💧 | 育てやすさ | 普通 |
| 💬 | 花言葉 | 永久の幸せ |
| 🐻 | ペット・赤ちゃん | △ かぶれる |

育て方の詳細

### 育て方 POINT

◇◇◇◇◇◇

レースカーテン越しの明るい場所で育てると、葉の斑模様が美しく育ちます。暗過ぎると斑がぬけてしまいます。直射日光が当たると葉焼けしてしまうため、夏場や南窓でのカーテンなしでの管理には気をつけます。水やりはメリハリをつけて与えましょう。

# フィカス・ウンベラータ

## 大きなハート形の葉っぱが特徴

ハート形の大きな葉が人気です。葉色は薄緑をしており優しい雰囲気。ゴムの木なので育てやすく、はじめての1本にもぴったりです。樹形も自然樹形や曲がり樹形などが選べ、おしゃれなインテリアグリーンとして取り入れることができます。

### 育て方 POINT

冬の寒さに弱いので、冬は窓際や寒い部屋で株や葉を冷やさないように気をつけるのがポイントです。寒さに当たると葉が黒ずんだりくしゅっと縮んだりして葉が傷みます。ただ、ウンベラータは生育旺盛なので、春〜夏にはまた葉がたくさんついてボリュームが戻ります。

| | |
|---|---|
| 原産地 | 熱帯アフリカ |
| サイズ | テーブル〜XL |
| 最低気温 | 基本（10℃まで） |
| 日当たり | 普通 |
| 育てやすさ | 普通 |
| 花言葉 | 健やか、永久の幸せ、夫婦愛 |
| ペット・赤ちゃん | △ かぶれる |

**育て方の詳細**

# フィカス・ペティオラリス

### 赤い葉脈を持つ個性派フィカス

ウンベラータのようなハート形の葉っぱに赤い葉脈が入るのが大きな特徴です。別名「赤ウンベ」。冬期は寒さに当たると葉を落として休眠します。実生苗は塊根植物のように茎元が肥大し生長するため、さらに独特の姿を楽しむことができます。

育て方 POINT

◇◇◇◇◇

明るく暖かい環境を維持することを心がけましょう。冬の寒さに当たると葉を落として休眠します。暖かい環境を維持するとそのまま葉をつけて育ちます。冬に葉を落とし休眠しても、春にはまた葉がたくさん出てくるので安心してください。水やりはメリハリを。

| | |
|---|---|
| 原産地 | メキシコ |
| サイズ | テーブル〜M |
| 最低気温 | 基本（10℃まで） |
| 日当たり | 明るい場所 |
| 育てやすさ | 普通 |
| 花言葉 | 永久の幸せ |
| ペット・赤ちゃん | △ かぶれる |

育て方の詳細

# フィカス・ベンジャミン

## ねじり樹形のトピアリータイプが人気

育てやすく、生き生きとした明るい葉色、ナチュラルな雰囲気でどんなお部屋にも合うことから、長い間人気の植物です。枝をねじって仕立てた幹に、葉のボリュームを上部に集めたトピアリー仕立てが人気です。明るい環境を好みます。

| | |
|---|---|
| 原産地 | インド、マレーシア |
| サイズ | テーブル〜XL |
| 最低気温 | 基本（10℃まで） |
| 日当たり | 明るい場所 |
| 育てやすさ | 普通 |
| 花言葉 | 信頼、結婚 |
| ペット・赤ちゃん | △ かぶれる |

育て方の詳細

### 育て方 POINT

◇◇◇◇◇

明るい場所で管理します。ベンジャミンは、日照が足りないと葉がポロポロと落ちてしまいます。また、葉を密集させて仕立てられている場合が多いため、風通しが悪いと葉が元気に育ちません。真夏や真冬など、窓を開けない時期はサーキュレーターを活用しましょう。

# フィカス・ベンジャミン・スターライト

## スターライトは美しい白斑が特徴です

ベンジャミン・スターライトは白い斑とやさしい緑色の葉が美しく、爽やかな雰囲気が人気です。緑葉のベンジャミンよりも生産量が少なく、サイズもほとんど中盤サイズしか出回りません。育て方や性質は通常のベンジャミンとほぼ同じです。

原産地　インド、マレーシア

サイズ　S〜M

最低気温　基本（10℃まで）

日当たり　明るい場所

育てやすさ　普通

花言葉　信頼、結婚

ペット・赤ちゃん　△ かぶれる

**育て方の詳細**

### 育て方 POINT

◇◇◇◇◇◇

ベンジャミン同様、明るく風通しの良い場所で管理します。冬の寒さにやや弱いため、冬の室温管理に気をつけます。新芽が茶色くなって落ちたり色が薄い場合は、日照不足のことが多いです。葉色をきれいに保つために、植物用ライトを活用してもよいでしょう。

# フィカス・ベンジャミン・バロック

## くるくるとカールした葉っぱが個性的

くるんとカールした独特の姿がユニーク。枝が太くなっていないテーブルサイズ〜中型のサイズが多く流通しており、連なるようについた葉がふわふわと広がりながら育ちます。生長に伴いどんどん樹形が変わっていくのが楽しめます。

| | |
|---|---|
| ◎ 原産地 | 東南アジア、インド |
| ⊔ サイズ | テーブル〜XL |
| 🌡 最低気温 | 基本（10℃まで） |
| ☼ 日当たり | 普通 |
| ！ 育てやすさ | 育てやすい |
| 💬 花言葉 | 融通の利く仲間、信頼 |
| 🐻 ペット・赤ちゃん | △ かぶれる |

育て方の詳細

Moraceae TABLE PLANTS

# クワ科のテーブルプランツ

Ficus microcarpa
→
p. 84

ガジュマル

Ficus microcarpapanda
→
p. 85

パンダガジュマル

Ficus gin
→
p. 86

フィカス・ジン

クワ科はテーブルサイズが豊富です。小さい
サイズでも枝があり葉が茂っている姿を楽し
むことができます。オフィスや自宅のデスク
に飾るのもよいですね。

Ficus umbellata
→
p. 87

フィカス・ウンベラータ

Ficus burgundy
→
p. 82

フィカス・バーガンディー

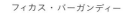

# Malvaceae

## アオイ科

柔らかく大きな葉を持つのが特徴です。枝を曲げやすいため、編み込んだ樹形やウェーブ形の樹形など、個性的な樹形も流通しています。1本まっすぐに太く幹を伸ばした樹形も見事で、パキラなどは根元が肥大する特徴を見ることができます。乾燥に強いため管理が容易で初心者におすすめです。

---

**POINT 1**

### 乾燥に強い

乾燥したアメリカ大陸原産の品種が多く乾燥に強い。水やりの頻度が少ない。

---

**POINT 2**

### ナチュラルな雰囲気

代表種のパキラは柔らかく大きな葉が広がります。ナチュラルなインテリアにぴったり。

---

**POINT 3**

### 樹形が豊富

編み樹形、ウェーブ樹形、1本立ち樹形など樹形が豊富でインテリア性が高い。

# パキラ

## 初心者におすすめの育てやすさno.1ツリー

緑色の柔らかい葉が大きく広がり、ナチュラルな雰囲気で人気のパキラ。乾燥に強く育てやすい観葉植物なのではじめて育てる人におすすめです。小鉢から大株までサイズ展開が豊富で、置き場所に応じてサイズを選べるのが嬉しい。

### 育て方 POINT

水やりは乾燥気味に。植木鉢の中のほうまでしっかり土を乾かし、与えるときはたっぷりと。葉が薄いので、夏や冬に屋外に出すと太陽光や寒さで葉が焼けてしまうので気をつけます。葉が伸びてきたら、分かれて伸びている古い葉の茎の根元を剪定すると樹形が整いやすい。

| | |
|---|---|
| 原産地 | 中南米 |
| サイズ | テーブル〜XL |
| 最低気温 | 基本（10℃まで） |
| 日当たり | 普通 |
| 育てやすさ | 育てやすい |
| 花言葉 | 快活、勝利 |
| ペット・赤ちゃん | ○ 害なし |

**育て方の詳細**

# パキラ・ミルキーウェイ

**迷彩柄のような模様がかっこいいパキラ**

緑色の葉に白い斑が入り爽やかな印象のミルキーウェイは、葉ごとに模様の入り方が異なり、生長によっても変化するため見応えがあります。種から発芽させた実生苗と、パキラに接木した仕立ての株、それぞれが流通しています。

## 育て方 POINT

◇◇◇◇◇◇

パキラ同様に乾燥気味に育てましょう。また、置き場所はレースカーテン越しの明るさがベストです。直射日光は葉焼けしてしまいます。パキラ自体は耐陰性がある植物ですが、ミルキーウェイは暗い場所だと光合成がしづらく栄養が作れなくなってしまいます。

| | |
|---|---|
| ⊙ 原産地 | 中南米 |
| └」 サイズ | テーブル〜XL |
| 🌡 最低気温 | 基本（10℃まで） |
| ☀ 日当たり | 普通 |
| 💧 育てやすさ | 普通 |
| 💬 花言葉 | 快活、勝利 |
| 🐻 ペット・赤ちゃん | ○害なし |

**育て方の詳細**

# Asparagaceae

## キジカクシ科（リュウゼツラン科）

ドラセナやサンスベリア、アガベなど人気の樹種が多いキジカクシ科。乾燥に強い品種が多く、初心者向けの観葉植物です。園芸品種も多く、見た目も多様。観葉植物だけでなく切り花でも枝葉が使用されます。ドラセナ属はまっすぐ伸びたスリムな仕立てが多く、ちょっとしたスペースでもグリーンが楽しめます。

---

**POINT 1**

スリムな樹形

ドラセナ属はまっすぐな幹を寄せ植えにしたスリムな仕立てが多く、狭い場所でも飾れる。

---

**POINT 2**

強健な性質

雨が少ない地原産のアガベやサンスベリアはとても強健。水切れにも強く心強い。

---

**POINT 3**

花が咲く

キジカクシ科の花は派手ではないが、小鉢でも花を咲かせることがあり楽しめる。

# ユッカ・エレファンティペス

## 象の足のような太く逞しい幹が特徴

葉は剣のような形をしており、鋭い葉が上に向かって伸びていきます。幹肌はワイルドなブラウンでゾウの足のように太く、その力強い姿から「青年の木」という呼び名もあります。乾燥を好み、初心者にもおすすめの育てやすい樹種です。

| | |
|---|---|
| 📍 原産地 | 中央アメリカ |
| 🪴 サイズ | テーブル〜XL |
| 🌡 最低気温 | 強い（0℃まで） |
| ☀ 日当たり | 耐陰性あり |
| 💡 育てやすさ | 育てやすい |
| 💬 花言葉 | 颯爽、勇壮、偉大 |
| 🐨 ペット・赤ちゃん | ×毒あり |

**育て方の詳細**

### 育て方 POINT

◇◇◇◇◇◇

太い幹にたくさん水分を蓄えられるようになっているので、水やりの頻度が多いと水分量が多過ぎて根腐れしてしまいます。土をよく乾燥させてから水やりを行います。置き場は明るめの場所に。耐陰性はありますが、暗過ぎると葉が柔らかくなり下に垂れてきてしまいます。

# ユッカ・アロイフォリア

**流通量が少ないスタイリッシュなユッカ**

育てやすくワイルドな幹と葉が楽しめるユッカ。アロイフォリアはエレファンティペスよりも葉が分厚く硬く、先端は鋭く尖っています。耐寒性が高く屋外用にも使用できる樹種のため、最近人気のドライガーデンにもよく使われます。

| | |
|---|---|
| 原産地 | メキシコ |
| サイズ | S~XL |
| 最低気温 | 強い（0℃まで） |
| 日当たり | 明るい場所 |
| 育てやすさ | 育てやすい |
| 花言葉 | 颯爽、勇壮、偉大 |
| ペット・赤ちゃん | ✕ 毒あり |

**育て方の詳細**

**育て方 POINT**

◇◇◇◇◇◇

通年、明るい環境で育てることが重要です。太陽の光をたくさん浴び、風を通してあげると幹がしっかり太くなり、葉の状態も良くなります。耐陰性はありますが、室内の暗い場所に長く置くと株が痩せてしまいます。春〜秋は外で日光浴させてもよいでしょう。

# ドラセナ・ソング・オブ・インディア

**自由に伸びる枝と黄色い葉が楽しめる**

細長い笹のような形をした葉を持ち、黄色の斑が入った爽やかな見た目が特徴です。ソング・オブ・シリーズは枝がまっすぐに伸びず、くねくねとゆるやかに曲がりながら育つのが特徴です。名前の通り、陽気に歌うように育つ姿が楽しめます。

## 育て方 POINT

ドラセナは乾燥を好むため、水やりは乾燥気味に行います。明るい場所を好みます。生長につれ、樹形が崩れることがあるため定期的に伸び過ぎた部分を剪定しながら育てます。剪定した葉はガラス瓶などに水を入れて挿しておくと、水耕栽培で育てることができます。

| | |
|---|---|
| 原産地 | マダガスカル、インド、東南アジアなど |
| サイズ | S〜XL |
| 最低気温 | 基本（10℃まで） |
| 日当たり | 普通 |
| 育てやすさ | 普通 |
| 花言葉 | 幸福、幸せな恋 |
| ペット・赤ちゃん | ✕ 毒あり |

育て方の詳細

99

# ドラセナ・コンシンネ・マジナータ

## スリムな樹形なので置き場所を選ばない

ドラセナは丈夫で乾燥にも強く育てやすい観葉植物です。その中でもコンシンネは、細い幹がすっと伸びたスリムな樹形のため、限られたスペースに置きたい場合にぴったりです。マジナータは、緑葉の外縁に赤いラインが入るのが特徴です。

| | |
|---|---|
| 原産地 | マダガスカル |
| サイズ | テーブル〜XL |
| 最低気温 | 基本（10℃まで） |
| 日当たり | 普通 |
| 育てやすさ | 普通 |
| 花言葉 | 真実 |
| ペット・赤ちゃん | ✕ 毒あり |

**育て方の詳細**

## 育て方 POINT

◇◇◇◇◇◇

ほかのドラセナ同様、乾燥気味に明るい場所で管理します。コンシンネは古い葉は次第に下を向いて広がり、やがて黄色くなって葉を落とし新陳代謝を回して育ちます。葉を横に引くと簡単に取れるため、ボリュームが出てきたら古葉を整理して樹形を整えましょう。

# ドラセナ・コンシンネ・ホワイボリー

**シャープな葉に白い斑が入った美しいドラセナ**

コンシンネ・ホワイボリーは、シャープな細葉に白いストライプの斑が入っているのが特徴です。涼しげで爽やかな印象で、お部屋が明るくなります。これほど白く美しい葉を持つ大型種は少なく、インテリアとして主役にしたいひと鉢です。

**育て方 POINT**

◇◇◇◇◇◇

白い葉のホワイボリーは、直射日光の強い光と暗過ぎる環境が苦手です。直射日光が当たると茶色く焼けてしまいますし、暗過ぎると葉の色が抜けたり茶色くなったりしてしまいます。レースカーテン越しの明るい環境を目安に置き場所を決めましょう。水やりは乾燥気味に。

| | |
|---|---|
| 原産地 | マダガスカル、アフリカ熱帯気候地域 |
| サイズ | M~XL |
| 最低気温 | 基本（10℃まで） |
| 日当たり | 普通 |
| 育てやすさ | 普通 |
| 花言葉 | 真実 |
| ペット・赤ちゃん | ×毒あり |

**育て方の詳細**

101

6

# ドラセナ・コンシンネ・スカーレットアイビス

## この鮮やかなレッドの葉色は唯一無二

オンリーワンの鮮やかなレッドの葉色が特徴です。アイビスとはトキ科の鳥のことで、名前の通り、トキの顔の赤色のような鮮やかな色味はどのコンシンネにもないもの。育てやすく樹形も整えやすいことから、初心者やギフトにもぴったりです。

📍 原産地　マダガスカル

⌣ サイズ　M〜XL

🌡 最低気温　基本（10℃まで）

☀ 日当たり　普通

❗ 育てやすさ　育てやすい

💬 花言葉　真実

🐻 ペット・赤ちゃん　✕ 毒あり

**育て方の詳細**

### 育て方 POINT

育て方はほかのコンシンネ同様、水やりは乾燥気味に、置き場所は直射日光と暗過ぎる場所を避けて管理します。適切な環境で管理できると葉が傷まず鮮やかな色味が維持できます。葉先が茶色く傷んでしまったら、傷んだ部分だけカットしましょう。

# ドラセナ・ワーネッキー・レモンライム

### 空間を明るくしてくれる明るい葉色

ドラセナの特徴であるスリムな樹形。ワーネッキーは品種ごとに葉の模様や色が異なります。レモンライムは名前の通り、ライムグリーンのストライプが入った明るい葉色が特徴です。古い葉が剥がれると、その部分が幹になって育っていきます。

## 育て方 POINT

ドラセナの基本の育て方、「乾燥気味に水やりし、適度な明るさの場所におく」を守って管理しましょう。葉色が鮮やかなレモンライムのような品種は、春〜秋の適期に肥料を与えると葉の美しさが維持できます。なので、毎年与えるようにするとよいでしょう。

| | |
|---|---|
| 原産地 | 熱帯アフリカ |
| サイズ | テーブル〜XL |
| 最低気温 | 基本（10℃まで） |
| 日当たり | 普通 |
| 育てやすさ | 育てやすい |
| 花言葉 | 「幸福」「隠しきれない幸せ」 |
| ペット・赤ちゃん | ×毒あり |

育て方の詳細

⌐8⌐

# ドラセナ・カンボジアーナ

## 柔らかい葉が噴水状に美しく開く

太い幹に葉が噴水状につくのが特徴です。ライムグリーンの葉色はお部屋を明るく見せてくれます。水やりの頻度が少なくてよいドラセナの仲間なので、初心者にもおすすめ。リゾート系・カジュアル系などさまざまなインテリアに馴染みます。

育て方 **POINT**

◇◇◇◇◇

カンボジアーナは寒さと暗さに当たると葉の色が薄くなってしまい、樹勢も衰えます。春から秋は直射日光の当たらない場所で日光浴させてあげると葉がシャキッとして葉色も濃く鮮やかになります。水やりはドラセナの基本通りで乾燥気味に行いましょう。

| | |
|---|---|
| 📍 原産地 | 東南アジア、中国南部 |
| ⌣ サイズ | S〜XL |
| 🌡 最低気温 | 基本（10℃まで） |
| ☀ 日当たり | 普通 |
| 💡 育てやすさ | 育てやすい |
| 💬 花言葉 | 幸福 |
| 🐻 ペット・赤ちゃん | ✕ 毒あり |

育て方の詳細

# ドラセナ・コンパクタ

## 深緑色の葉を持ちコンパクトに育つドラセナ

ドラセナらしいスリムな樹形で育つため、飾りやすく限られたスペースに置きたい場合にぴったりです。ギフトとしても贈りやすいため人気があります。名前の通りコンパクトに育ち、細い幹とツヤのある緑葉はオブジェのようで空間に映えます。

| | | |
|---|---|---|
| 原産地 | 中国、台湾 | |
| サイズ | S〜XL | |
| 最低気温 | 基本（10℃まで） | |
| 日当たり | 耐陰性あり | |
| 育てやすさ | 育てやすい | |
| 花言葉 | 実直、真面目 | |
| ペット・赤ちゃん | ✕ 毒あり | |

育て方の詳細

### 育て方 POINT

◇◇◇◇◇◇

乾燥気味に明るい場所で管理します。葉のボリュームが出てきたら古葉から取り除き樹形を整えましょう。葉水の際に葉と葉の隙間に水が溜まるとそこが傷んでしまい黒ずんでしまうことがあります。葉水は暖かい時間帯に、ミストタイプの霧吹きを使用しましょう。

⌐10⌐

# ドラセナ・サンデリアーナ

## ミリオンバンブーとも呼ばれる縁起物

サンデリアーナはミリオンバンブーと呼ばれることがあります
が、これはニックネームで、竹ではなくドラセナの仲間になり
ます。縁起の良い観葉植物として古くから人気です。中国や台
湾では神棚の装飾に使われるほど大切にされています。

育て方 **POINT**

明るく暖かい場所で育てましょ
う。生育旺盛に育つため、定期
的に剪定と仕立て直しをしなが
ら育てます。古い葉は葉が黄色
くなったら摘み取り、全体にボ
リュームが出てきたら伸びた分
を切り戻します。そうすると剪
定口の下からまた新しい葉が生
えてきます。

| | |
|---|---|
| 原産地 | アフリカ西部 |
| サイズ | テーブル〜M |
| 最低気温 | 基本（10℃まで） |
| 日当たり | 明るい場所 |
| 育てやすさ | 普通 |
| 花言葉 | 開運、長寿 |
| ペット・赤ちゃん | ○ 害なし |

育て方の詳細

# トックリラン

## 「ポニーテール」の愛称で呼ばれます

株元の膨らみと葉が枝垂れる姿が特徴的です。膨らみの部分には水分を溜められるようになっています。英名では長い葉が馬の尻尾に見えることから「ポニーテール」と呼ばれています。メキシコ原産で乾燥に強く、性質も強健です。

| | |
|---|---|
| ⊙ 原産地 | メキシコ |
| ∟⌐ サイズ | テーブル〜XL |
| 🌡 最低気温 | 基本（10℃まで） |
| ☀ 日当たり | 普通 |
| ♨ 育てやすさ | 育てやすい |
| 💬 花言葉 | 多くの才能 |
| 🐻 ペット・赤ちゃん | ○ 害なし |

**育て方の詳細**

**育て方 POINT**

◇◇◇◇◇◇

乾燥気味に水やりを行います。好む環境は明るく暖かい場所ですが、直射日光が新芽に当たると焼けてしまうことがあるので気をつけましょう。また、寒過ぎたり暗過ぎても葉が黒ずんで傷みます。葉が長く伸びてきたら、適当な位置でハサミを斜めに当てて剪定を。

Asparagaceae TABLE PLANTS

# キジカクシ科のテーブルプランツ

**Sansevieria boncellensis** → p. 109

サンスベリア・ボンセレンシス

**Sansevieria samurai dwalf** → p. 111

サンスベリア・サムライドワーフ

キジカクシ科のテーブルプランツはサンスベリアとアガベが主役です。いずれも園芸品種が多く、コレクションして楽しむ方がたくさんいます。育てやすいので初心者にもおすすめです。

**Agave titanota 'White Ice'** → p. 118

アガベ・チタノタ・ホワイトアイス

**Agave horrida** → p. 117

アガベ・ホリダ

**Agave Potatorum 'Spawn'** → p. 119

アガベ・ポタトラム・スポーン

# サンスベリア・ボンセレンシス

**むちむちした体を扇状に広げて育ちます**

空気清浄効果がある人気のサンスベリア。乾燥に強く、育てやすいため初心者におすすめです。ボンセレンシスはむちむちとした棒状の葉が扇状に広がる品種で、そのユニークで個性的な姿はインテリアのポイントになると人気です。

## 育て方 POINT

耐陰性はありますが、できるだけ明るく暖かい場所で管理したほうが株ががっちり硬くなり丈夫に育ちます。真夏の直射日光は避けましょう。土から子株が出てきたら、混み合う前に優しく抜いて、別の鉢へ植えてあげましょう。花が咲いたら早めに摘み取ります。

| | |
|---|---|
| 原産地 | アフリカ、南アジア 乾燥地帯 |
| サイズ | テーブル〜XL |
| 最低気温 | 基本（10℃まで） |
| 日当たり | 耐陰性あり |
| 育てやすさ | 育てやすい |
| 花言葉 | 永久、不滅 |
| ペット・赤ちゃん | ○ 害なし |

育て方の詳細

# サンスベリア・ゼラニカ

## 緑のゼブラ柄がかっこいいサンスベリア

ゼラニカは剣状の葉が上に向かって伸びるように育ちます。緑の濃淡のゼブラ柄のような模様で、クールな印象。小鉢からXLサイズまで流通していて、大型のものはスタンドや縦長の植木鉢と合わせるとスタイリッシュに飾れます。

育て方 **POINT**

耐陰性はありますが、明るく暖かい場所で、特に乾燥気味に育てます。ゼラニカは好む環境よりも暗過ぎたり、水が多過ぎると葉が柔らかくなり垂れてきてしまいます。水はしっかり切らし気味にして、できるだけ明るい場所で管理すると樹形が整いやすくなります。

原産地 　アフリカ、南アジア乾燥地帯

サイズ 　テーブル～XL

最低気温 　基本（10℃まで）

日当たり 　耐陰性あり

育てやすさ 　育てやすい

花言葉 　永久、不滅

ペット・赤ちゃん 　○ 害なし

育て方の詳細

# サンスベリア・サムライドワーフ

**葉がぐっと詰まった株が男前な品種**

サムライドワーフは、葉の形は小さな剣のような形をしています。肉厚な葉がロゼット状に広がる品種です。肉厚な葉が螺旋状に旋回しながら育つので、幼苗の頃に扇形でも、次第にロゼット形に変化していきます。コンパクトに育つ品種です。

### 育て方 POINT

サンスベリアは特に乾燥させて水やりを行います。耐陰性はありますが適した環境よりも暗い場所だと株が徒長してしまいます。太陽のある方向に株が傾いてしまうことがあるので、たまに鉢の向きを回転させながら育てると株のバランスが良くなります。

原産地　アフリカ、南アジア乾燥地帯

サイズ　テーブル〜XL

最低気温　基本（10℃まで）

日当たり　耐陰性あり

育てやすさ　育てやすい

花言葉　永久、不滅

ペット・赤ちゃん　○ 害なし

**育て方の詳細**

# サンスベリア・ファーンウッド・パンク

## 思うがままにエネルギッシュに育ちます

ファーンウッド・パンクは、葉をやや外側に反るように放射状に伸ばします。生育期の春〜秋はエネルギッシュにどんどん育ちます。小鉢〜Mサイズくらいまでの大きさで流通していますが、小鉢でも花を咲かせることがある元気品種です。

| | |
|---|---|
| 原産地 | アフリカ、南アジア乾燥地帯 |
| サイズ | テーブル〜M |
| 最低気温 | 基本（10℃まで） |
| 日当たり | 耐陰性あり |
| 育てやすさ | 育てやすい |
| 花言葉 | 永久、不滅 |
| ペット・赤ちゃん | ○害なし |

育て方の詳細

### 育て方 POINT

生育旺盛なタイプなので、定期的に植え替えや株分けを行い育てましょう。植え替えする際は、ひとまわり大きいサイズの植木鉢に植え替えます。株分けする際は、元々の植木鉢と、それと同じか、ひとまわり小さい植木鉢を用意し、2つの植木鉢に分けて植えつけます。

# サンスベリア・ファーンウッド・ミカド

**シャープな葉がすっと伸びてスタイリッシュ**

ファーンウッド・ミカドは、細長い葉が上に向かって伸びていく姿がとてもスタイリッシュな見た目で、樹形が崩れにくく育てやすいサンスベリアです。主にテーブルサイズの小鉢で流通しています。パンクと同様、小鉢でも花を咲かせます。

◎ 原産地　アフリカ、南アジア乾燥地帯

⊔ サイズ　テーブル〜M

🌡 最低気温　基本（10℃まで）

☀ 日当たり　耐陰性あり

💡 育てやすさ　育てやすい

💬 花言葉　永久、不滅

🐻 ペット・赤ちゃん　○害なし

**育て方の詳細**

# サンスベリア・ローレンチー

17

## サンスベリアの代表種「虎の尾」

空気清浄効果がある人気のサンスベリア。その人気に火をつけたのがこのローレンチーです。乾燥に強く、初心者にも育てやすいため爆発的に行き渡りました。「虎の尾」の愛称で知られ、黄色い斑模様が特徴でお部屋を明るくしてくれる効果も。

### 育て方 POINT

耐陰性はありますが、暗過ぎると葉が垂れてきてしまいます。明るめの場所で管理すると樹形が整いやすくなります。春～秋は直射日光を避けて日光浴させてあげると葉が厚くなり斑模様も綺麗に出ます。

| | |
|---|---|
| 原産地 | アフリカ、南アジア乾燥地帯 |
| サイズ | テーブル～XL |
| 最低気温 | 基本（10℃まで） |
| 日当たり | 普通 |
| 育てやすさ | 育てやすい |
| 花言葉 | 永久、不滅 |
| ペット・赤ちゃん | ○ 害なし |

**育て方の詳細**

# サンスベリア・マッソニアーナ

## 幅広い葉が特徴の個性派サンスベリア

赤みがかった縁に緑色の幅広の葉が特徴のマッソニアーナ。葉は硬くしっかり肉厚です。サンスベリアにしては珍しい幅広の葉を持ち、丸みがかったフォルムがかわいらしい姿をしています。生長はゆっくりめ。まだ流通量が多くない品種です。

| | |
|---|---|
| 原産地 | アフリカ、南アジア乾燥地帯 |
| サイズ | テーブル〜S |
| 最低気温 | 基本（10℃まで） |
| 日当たり | 明るい場所 |
| 育てやすさ | 育てやすい |
| 花言葉 | 永久、不滅 |
| ペット・赤ちゃん | ○害なし |

**育て方の詳細**

### 育て方 POINT

◇◇◇◇◇◇

耐陰性はありますが、マッソニアーナの特徴である幅広の丸みを帯びた状態を保つには、明るさと風通しが重要です。サンスベリアの基本に沿って、直射日光を避けた明るい場所で管理しましょう。暗過ぎると葉が縦に間延びしたように育ってしまいます。水やりも特に乾燥気味に。

# アガベ・雷神

鋸歯

## シルバーブルーが美しく育てやすいアガベ

テキーラの原料で知られるアガベは、育てやすい多肉植物として人気でコレクターも多い植物です。雷神は、ロゼット状に広がるシルバーブルーの葉が特徴で、ややウェーブがかったように育ちます。鋸歯（\*）は赤茶色をしています。

| | |
|---|---|
| 📍 原産地 | メキシコ |
| 凵 サイズ | テーブル〜 M |
| 🌡 最低気温 | 強い （5℃まで） |
| ☀ 日当たり | 明るい場所 |
| ❗ 育てやすさ | 育てやすい |
| 💬 花言葉 | 繊細、 気高い貴婦人 |
| 🐨 ペット・ 赤ちゃん | △ 棘あり |

**育て方の詳細**

ECOPOTS

### 育て方 POINT

◇◇◇◇◇◇

アガベは日当たりが良く風通しが良い場所を好みます。雷神はアガベの中では比較的寒さに強くはないタイプなので、冬になる前に屋内に入れて管理しましょう。土は観葉植物専用土よりも排水性が高く、保水性が低い土を使うとぎゅっとしまった良い株に育ちます。

＊葉っぱの縁に見られるギザギザの切れ込みやトゲのようなもの。

# アガベ・ホリダ

### 別名「不動剣」。細長く尖った葉が特徴

ホリダはやや艶のある濃緑色で、細長い形状をしています。葉は平たく、美しいロゼット状に育ちます。鋸歯は若い頃は赤茶色ですが、成熟した株になると灰色になり牙のようになります。管理しやすい中型種で人気があります。

## 育て方 POINT
◇◇◇◇◇

アガベの中では雷神と同じく、比較的寒さに強くないタイプです。冬は屋内で管理しましょう。高湿度が続くのが苦手なので、梅雨時期は長雨にさらすのは避け、真夏は風通しの良い場所で特に乾燥気味に育てましょう。水やりは下葉にシワがよったらあげる位のイメージで。

| | |
|---|---|
| ◎ 原産地 | メキシコ |
| ⌴ サイズ | テーブル〜M |
| 🌡 最低気温 | 強い（0℃まで） |
| ☀ 日当たり | 明るい場所 |
| ! 育てやすさ | 育てやすい |
| 💬 花言葉 | 繊細、気高い貴婦人 |
| 🐻 ペット・赤ちゃん | △ 棘あり |

育て方の詳細

鋸歯

# アガベ・チタノタ・ホワイトアイス

## 肉厚なホワイトブルーの葉の小型種

名前の通り、凍った氷のように薄く白みがかった青みのある肉厚な葉が特徴です。ウェーブしたワイルドな棘を持ちます。自生地では40〜60cmほどに生長するといわれますが、鉢植えだと自生地ほど大きくならないため管理しやすい品種です。

📍 **原産地** メキシコ

⊔ **サイズ** テーブル〜 M

🌡 **最低気温** 強い （5℃まで）

☀ **日当たり** 明るい場所

❗ **育てやすさ** 育てやすい

💬 **花言葉** 繊細、 気高い貴婦人

🐻 **ペット・ 赤ちゃん** △ 棘あり

**育て方の詳細**

### 育て方 POINT

◇◇◇◇◇◇

アガベは日当たりが良く風通しが良い場所を好みます。土は観葉植物用土よりも排水性が高く、保水性が低い土を使うとギュッとしまった良い株に育ちます。真夏の直射日光は強過ぎて葉が焼けてしまうことがあるため、屋根の下か風通しの良い屋内で管理します。

# アガベ・ポタトラム・スポーン

### うねった赤茶色の鋸歯がかっこいい

ノコギリのようにギザギザした葉が特徴で、迫力満点の品種です。葉色は灰色と青みがかった色で、強い日差しや水分の蒸発を防ぐためのブルームと呼ばれる白い粉のようなものがかかっています。初心者でも育てやすい品種です。

## 育て方 POINT

◇◇◇◇◇◇

日当たりと風通しが良い場所を好みます。スポーンはアガベの中では寒さに強くはないタイプなので、冬になる前に屋内に入れて管理しましょう。土は観葉植物用土よりも排水性が高く、保水性が低い土を使うとギュッとしまった良い株に育ちます。

◯ 原産地　メキシコ

⊔ サイズ　テーブル〜 M

🌡 最低気温　強い（5℃まで）

☀ 日当たり　明るい場所

⚘ 育てやすさ　育てやすい

💬 花言葉　繊細、気高い貴婦人

🐻 ペット・赤ちゃん　△ 棘あり

**育て方の詳細**

# Myrtaceae

## フトモモ科

フトモモ科の植物はオーストラリア原産のものが多く、代表的なのがユーカリです。日本で流通しているフトモモ科の植物の多くはオージープランツと呼ばれ、屋外用の庭木でも楽しまれています。観葉植物として流通している植物にはアマゾンオリーブがあり、白い幹と薄緑色の優しい葉が人気を集めています。

|   |   |   |
|---|---|---|
| **POINT 1** | **POINT 2** | **POINT 3** |
| 珍しい | 「木」っぽい樹形 | 生育旺盛 |
| まだ生産量が多くなく、たくさんの数は流通しません。気に入ったら迷わず手に入れて。 | 枝が上に向かって分岐し葉をつけたナチュラルな樹形。意外と観葉植物には少ないのです。 | 育つスピードが速く、ボリュームが出ます。枝葉が伸びる姿を楽しみたい方にはぴったり。 |

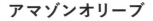

# アマゾンオリーブ

## 名前はオリーブですがユーカリの仲間です

名前はオリーブとついていますが、ユーカリと同じフトモモ科に属する植物です。白い幹と柔らかな黄緑色の細長い葉っぱが爽やかで、森の木陰にいる気分に。流通しているのは中型サイズからがほとんど。シンボルツリーにぴったりです。

原産地　東南アジア

サイズ　M~XL

最低気温　基本（10℃まで）

日当たり　普通

育てやすさ　普通

花言葉　幸福、うれしい便り

ペット・赤ちゃん　○ 害なし

**育て方の詳細**

### 育て方 POINT

暑過ぎて明る過ぎる場所よりは、レースカーテン越し〜半日陰の風通しの良い場所を好みます。また、生長期は土の表面が乾いてきたら水やりをしましょう。生育旺盛で、1年も育てると葉がよく伸びるので、育ち過ぎたら剪定し樹形を整えます。

# Araliaceae

## ウコギ科

元々日本にも自生しており薬用・食用などに使われていました。観葉植物として流通しているのは中国原産のものが古い時代に渡ってきたものとされており、食用のほか生垣にも使用されてきました。手のひら形の葉っぱが特徴で、艶のある緑色が空間を明るくしてくれます。また、大株の太くワイルドな幹が見どころです。

### POINT 1
#### 暑さ寒さどちらも強い

基本的にはかなり強健。ただし、猛暑期は湿度も上がり無風だとぐったりするので注意。

### POINT 2
#### 艶のある葉っぱ

ウコギ科は艶のある美しい葉が特徴で、どの品種も生き生きとした生命力を感じられる。

### POINT 3
#### 大株の迫力

大株になると隆々とした太い幹になり、個性的な樹形に。迫力満点でかっこいい。

# シェフレラ

## 日陰でも育つ強健な観葉植物

手のひら形の緑葉で、葉の先端にいくにつれて細くなります。耐陰性が高く、日当たりが不安な環境でも育てることができます。大型で流通しているのは八丈島などの暖かい地域で生産されたもので、自生地を思わせるワイルドな幹が魅力です。

| | |
|---|---|
| 原産地 | 中国、台湾 |
| サイズ | テーブル〜XL |
| 最低気温 | 強い（5℃まで） |
| 日当たり | 耐陰性あり |
| 育てやすさ | 育てやすい |
| 花言葉 | 実直、真面目 |
| ペット・赤ちゃん | ×毒あり |

育て方の詳細

### 育て方 POINT

◇◇◇◇◇◇◇

夏の蒸れに気をつけます。高温低温には比較的耐性があるのですが、猛暑の時期に室内の温度と湿度が上がり、風の流れがなく株が蒸れてしまうと葉の根本が黒くなりバタバタと葉が落ちてしまいます。真夏は風通しを良くすることを心がけて育てましょう。

# シェフレラ・チェンマイ

## シェフレラに比べ明るく幅広な葉

シェフレラ・チェンマイはシェフレラほど流通量が多くなく、サイズも大型のものがメインです。シェフレラ同様にとても丈夫で育てやすいのが特徴です。葉の大きさはシェフレラよりもやや大きくなり、幅広く、色味もやや明るい緑色です。

### 育て方 POINT

シェフレラ同様に夏の蒸れに気をつけます。また、シェフレラと同じように強健な性質を持ちますが、やや耐陰性は劣ります。レースカーテン越しの明るめの場所を好むので、窓際や明るいリビングで育てましょう。水やりはメリハリをつけて、与えるときはたっぷりと。

| | |
|---|---|
| 原産地 | 中国、台湾 |
| サイズ | M~XL |
| 最低気温 | 基本（10℃まで） |
| 日当たり | 普通 |
| 育てやすさ | 育てやすい |
| 花言葉 | 実直、真面目 |
| ペット・赤ちゃん | ×毒あり |

育て方の詳細

# シェフレラ・アンガスティフォリア

**細長い葉を持ちスタイリッシュな印象**

シェフレラ・アンガスティフォリアは細長い繊細な葉が特徴です。スタイリッシュな曲がり樹形はインテリアとしても存在感を楽しめます。シェフレラらしく、性質も強健で環境適応力も高いため、初心者でも安心して育てることができます。

## 育て方 POINT

◇◇◇◇◇◇

水切れに気をつけましょう。生長期はよく水を吸うようになります。メリハリのある水やりを好むため、土を乾かしてから水やりをしますが、水切れの時間が長くなってしまうと葉が下を向き、水をあげても戻らなくなります。こまめに土の乾き具合の確認を。

| | |
|---|---|
| ◎ 原産地 | 中国、台湾 |
| ⌐⌐ サイズ | テーブル〜XL |
| 🌡 最低気温 | 基本（10℃まで） |
| ☀ 日当たり | 耐陰性あり |
| ♀ 育てやすさ | 育てやすい |
| 💬 花言葉 | 実直、真面目 |
| 🐻 ペット・赤ちゃん | ✕ 毒あり |

**育て方の詳細**

# シェフレラ・ハッピーイエロー

### ハッピーオーラ満開の黄色いシェフレラ

育てやすく人気の高いシェフレラの園芸品種ハッピーイエロー。
名前の通り鮮やかな黄色い葉が特徴で、黄色の手のひら形の葉
はまるでお花のよう。スタイリッシュな曲がり樹形はメインツ
リーにぴったり。部屋の雰囲気が明るくなります。

| | |
|---|---|
| 原産地 | 中国、台湾 |
| サイズ | テーブル〜M |
| 最低気温 | 基本（10℃まで） |
| 日当たり | 明るい場所 |
| 育てやすさ | 普通 |
| 花言葉 | 実直、真面目 |
| ペット・赤ちゃん | ✕ 毒あり |

**育て方の詳細**

**育て方 POINT**

葉色が黄色く緑の葉緑素が少な
いため、ほかのシェフレラより
も明るい場所を好みます。日当
たりが良く、風通しの良い窓際
などが置き場のおすすめです。
また、夏の温湿度の急上昇や蒸
れには弱いため、サーキュレー
ターやエアコンを活用するとよ
いでしょう。

# シェフレラ・コンパクタ

**かわいらしい小さな葉で大きさもコンパクト**

シェフレラ・コンパクタは、名前の通りコンパクトに育つ矮性種で、丈夫で育てやすい品種です。テーブルサイズからSサイズ程度までのサイズが多く流通しているため、キッチンやテーブルサイドなどちょっとした場所にも置けます。

## 育て方 POINT

ほぼシェフレラと同じ育て方で育ちます。レースカーテン越しの明るめの場所〜半日陰が適しており、風通しが良い環境を好みます。水やりはメリハリをつけて与えましょう。コンパクタは生長が緩やかなので、剪定などのお手入れが少ないのが嬉しいポイント。

|  |  |  |
|---|---|---|
| ◉ | 原産地 | 中国、台湾 |
| ⊔ | サイズ | テーブル〜S |
| 🌡 | 最低気温 | 基本（10℃まで） |
| ☀ | 日当たり | 耐陰性あり |
| ☝ | 育てやすさ | 育てやすい |
| 💬 | 花言葉 | 実直、真面目 |
| 🐻 | ペット・赤ちゃん | ×毒あり |

**育て方の詳細**

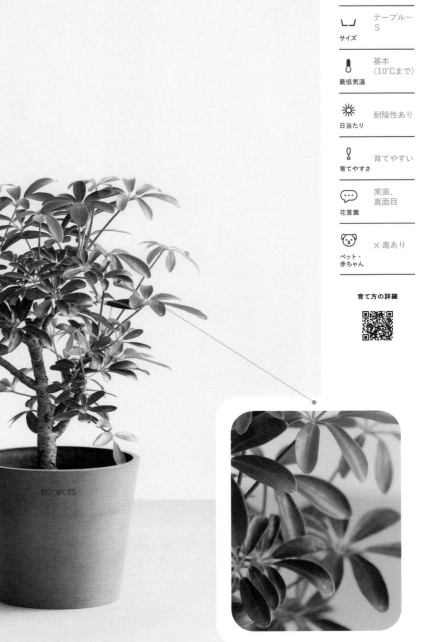

# ヘデラ・ヘリックス

**棚置きやハンギングで映える垂れ物系**

地を這うようにツルを伸ばし育ちます。枯れにくく１年中かわいらしい葉っぱをつけることから、観葉植物として人気です。メンテナンスが手軽で、日当たりの悪い場所でも蛍光灯の光があれば生長するのも特徴です。ハンギングにしても素敵です。

| | |
|---|---|
| 原産地 | ヨーロッパ、アジア、北アフリカ |
| サイズ | テーブル〜S |
| 最低気温 | 強い（0℃まで） |
| 日当たり | 耐陰性あり |
| 育てやすさ | 育てやすい |
| 花言葉 | 永遠の愛、友情、誠実、不滅、結婚 |
| ペット・赤ちゃん | ×毒あり |

育て方の詳細

## 育て方 POINT

◇◇◇◇◇

高い場所の棚やハンギングで天井から吊るす場合は、水切れに気をつけましょう。高い場所は暖かい空気が溜まりやすく、気づかない間に土がカラカラに乾いていた、なんてことがよくあります。育てはじめのうちは土が乾く間隔をこまめに確認しておきましょう。

# アラレア・エレガンテシマ

**和洋どちらにも馴染む涼しげな佇まい**

細くギザギザしたノコギリの刃のように見える葉が個性的です。幹と葉が涼しげな雰囲気で、和洋どちらのインテリアにも馴染みます。ギザギザした葉の形に目が行きがちですが、よく見るとウコギ科の特徴の手のひら形になっています。

## 育て方 POINT

耐陰性はありますが、半日陰よりもレースカーテン越しの明るい日陰での管理がおすすめです。夏は土が乾いたらすぐに水やりをし、寒くなってきたら徐々に間隔を空け、土が乾いた数日後に水やりをしましょう。夏の直射日光、冬の寒さに弱いので気をつけます。

| | |
|---|---|
| 原産地 | ニューカレドニア、熱帯アジア |
| サイズ | S〜XL |
| 最低気温 | 基本（10℃まで） |
| 日当たり | 普通 |
| 育てやすさ | 普通 |
| 花言葉 | 繊細、優雅 |
| ペット・赤ちゃん | ○ 害なし |

育て方の詳細

COLUMN

# シェフレラが持つ風水パワー？

ウコギ科の代表種であるシェフレラには「金運」「仕事運」「人間関係運」をアップしてくれる風水効果があるようです。

風水ってよく聞くけれどなんだろう？と思ったので調べてみました。もともと風水とは、中国から来た考え方で、「自然の地形や四季の変化などを観察して、私たち人間にとって良い住環境をもたらすひとつの技術として確立された、古代の地形学である」と考えられているそうです。私たちの住環境や生活を良くしてくれるための風水上のアイテムとして、現代では観葉植物を置くことで、私たちの運気が変わるといわれています。

例えば、葉っぱが鋭いものは邪気を払ったり仕事運を改善したりする効果があり、一方で葉っぱが丸いものはリラックス効果があったり人間関係を整えたりするそうです。

では、シェフレラの持つ効果「金運・仕事運アップ」「人間関係向上」はどんな理由からきているのかご紹介します。まず、金運アッ

プについては丸みを帯びた小さな葉っぱが集まるさまが、コツコツお金が集まるパワーを持つとされるようです。また、手のひら形の植物はお金を包み込むとされているそうです。

シェフレラ・ハッピーイエローは金運アップのカラーとされる黄色の葉色をしており、なんだかハッピーイエローの魅力がさらにアップした気がしてしまいますね。仕事運に関しては、シェフレラがどんな環境でもぐんぐん上に伸びていく姿から、仕事運アップのパワーを持つといわれているそうです。

インテリアや趣味として観葉植物を育てていることで、風水というひとつの生活学のアイテムとして活用できるなんて、ちょっとお得だなと思ってしまいました。

本章ではそれぞれの植物の育て方のポイントを詳しくまとめているのと同時に、風水もチェックできるQRコードもつけています。元気に育てればちょっと運気が上がるかも？と楽しい気持ちで選んで育ててみてください。

シェフレラ
Schefflera arboricola → p.123

手のひら形の植物は金運アップ。

シェフレラ・ハッピーイエロー
Schefflera arboricola 'happyyellow' → p.126

黄色は金運アップのカラー。

シェフレラ・アンガスティフォリア
Schefflera angustifolia → p.125

葉っぱが鋭く細いものは仕事運を改善。

# ポリシャス・スターシャ

## 繊細な葉が美しいポリシャスの細葉タイプ

別名タイワンモミジと言われるポリシャス。スターシャは、その中でも葉が細く繊細で、優しい雰囲気が人気です。洋風和風どちらのインテリアにも馴染むのでメインツリーにぴったりです。生産量が少なく手に入りにくい品種です。

⊙ 原産地　東南アジア

┗┛ サイズ　M〜XL

🌡 最低気温　基本（10℃まで）

☀ 日当たり　明るい場所

❗ 育てやすさ　普通

💬 花言葉　大切な思い出

🐻 ペット・赤ちゃん　×毒あり

**育て方の詳細**

### 育て方 POINT

明るく暖かい場所で管理しましょう。特に冬の寒さが苦手なので、冬は窓際から離し、お部屋の中のほうで暖かくして育てます。葉の温度を下げる霧吹きも控えましょう。夏は水切れによる葉落ちに注意。土の表面が乾いてきたら水を与えてOKです。

# ツピダンサス

耐陰性が強いので、薄日が届く
蛍光灯の下でも育ちます。かな
りの日陰でも育ちますが、葉の
艶や株の状態を維持するにはあ
る程度の明るさがあったほうが
安心です。シェフレラなどと同
様に、夏の蒸れには注意して、
水やりはメリハリをつけて行い
ます。

## 生き生きとした大きな葉は存在感抜群

傘のように葉を大きく広げるため、「アンブレラツリー」とい
う呼び名がある植物です。大きな手のひら形のツヤツヤの緑葉
が最大の特徴です。耐陰性が高く、日当たりの不安な場所でも
元気に育ちます。存在感のある大鉢で流通することが多いです。

| | |
|---|---|
| 原産地 | 熱帯アジア（インド〜マレー半島） |
| サイズ | S〜XL |
| 最低気温 | 基本（10℃まで） |
| 日当たり | 耐陰性あり |
| 育てやすさ | 普通 |
| 花言葉 | 幸福 |
| ペット・赤ちゃん | × 毒あり |

育て方の詳細

# Lauraceae

## クスノキ科

クスノキ科はアジアと南米に分布しており、日本でもたくさんの品種が自生しています。クスノキ科の植物で、観葉植物として育てることができる代表種はシナモンです。セイロンニッケイとも呼ばれ、香辛料では樹皮の部分を使います。立ち姿がきれいなことから観葉植物としても生産されています。

**POINT 1**

### 縦に走った葉脈

葉脈が縦に入った珍しいタイプの葉っぱが特徴。シャープな印象を演出できる。

**POINT 2**

### 葉っぱがいい香り

葉を半分に折るとわずかにバニラのような香りがする。剪定の際に楽しみたい。

**POINT 3**

### 寒さには弱い

シナモンはやや寒さに弱いため、冬は明るく暖かい室内で管理するのを心がける。

# シナモン

## 香辛料にも使われるスパイスツリー

シナモンはスパイスとして有名ですが、実は観葉植物として育てることができ、艶のある緑色の葉と縦にくっきり入った葉脈が見どころです。大きくなった株の樹皮をはいで乾燥させるとスパイスとして使用できます。

| | |
|---|---|
| 原産地 | 中国、スリランカ、南インドなど |
| サイズ | S〜XL |
| 最低気温 | 基本（10℃まで） |
| 日当たり | 耐陰性あり |
| 育てやすさ | 普通 |
| 花言葉 | 清純、純潔 |
| ペット・赤ちゃん | ✕ 毒あり |

育て方の詳細

## 育て方 POINT

育てやすく体力もある植物です。冬の寒さだけ苦手なので、冬は窓際から離して暖かくして管理しましょう。水やりは、夏は土が植木鉢の中までしっかり乾いたら与え、冬はそこから数日経ってから水やりをします。冬は特に、明るく暖かい場所に置くことを心がけましょう。

# Fabaceae

## マメ科

マメ科の植物は全世界に分布しており、日本でも100種類ほど
が自生しています。マメ科の多くは小さな葉が連なり羽状にな
ることが特徴です。庭木や観葉植物で流通している樹種の多く
で花や実を楽しめます。柔らかい葉が広がり、優しい印象で育
つ姿から、エバーフレッシュは女性に人気があります。

### POINT 1

### 大きく育つ

繊細そうな見た目だが、生命力
が強い。どんどん新芽を出し伸
びるので育てがいがある。

### POINT 2

### 優しい雰囲気

小さな葉がたくさん集まり優し
い雰囲気を持つ。ナチュラルな
インテリアにぴったり。

### POINT 3

### 花が咲き種が採れる

エバーフレッシュは花を咲かせ、
赤いさやのなかに種ができ、種
から育てることもできる。

# エバーフレッシュ

## とっても丈夫で生育旺盛

小さな葉がたくさんついた柔らかく涼しげな姿が人気です。生育旺盛でよく育ちます。黄緑色の花を咲かせ、赤いさやがつくことも。夜になると葉を閉じて休眠する性質があり、和名の「アカサヤネムノキ」の由来になっています。

### 育て方 POINT

水切れに気をつけましょう。夏は土の表面が乾いたら与えてしまってもよいでしょう。水切れになると、昼間でも葉が閉じています。気づいたらすぐに水やりを。さらに水切れすると葉が落ちてしまいますが、生育旺盛なので、また水やりをすればボリュームは戻ります。

| | |
|---|---|
| 原産地 | ボリビア、ブラジル |
| サイズ | テーブル〜XL |
| 最低気温 | 基本（10℃まで） |
| 日当たり | 普通 |
| 育てやすさ | 育てやすい |
| 花言葉 | 歓喜、胸のときめき |
| ペット・赤ちゃん | ○害なし |

育て方の詳細

# Hypericaceae

## オトギリソウ科

世界の温帯地域と熱帯地域に40種ほど分布するオトギリソウ科の植物は、背の高い木の姿・茎や葉だけの姿・つる性の姿など、品種によって見た目がさまざまです。観葉植物として流通しているオトギリソウ科の代表種はクルシアです。ゴムの木のような卵形の多肉質な葉を持っています。

**POINT 1**

### 丸くてかわいい葉

ツヤツヤとしてぷっくり肉厚の丸い形をした葉を持ち、かわいらしい印象。

**POINT 2**

### 乾燥に強い

乾燥に強く多少の水切れでは枯れないため、忙しい方でもチャレンジできる。

**POINT 3**

### 新芽が見どころ！

春から夏にかけて枝先から出る小さな新芽がとてもかわいらしい。生長も楽しめる。

# クルシア・ロゼア・プリンセス

## 丸い肉厚な葉っぱがかわいらしい

丸みのある肉厚な葉が特徴です。葉に傷をつけると痕が残るため、現地では葉に文字を書いて利用されていたことから「メッセージリーフ」とも呼ばれます。クルシア・ロゼアの改良種で、ロゼアよりも葉が小さく、かわいらしい印象です。

| | |
|---|---|
| ⊚ 原産地 | 西インド諸島、バハマ諸島、メキシコ南部、南アメリカ北部 |
| ⌴ サイズ | テーブル〜XL |
| 🌡 最低気温 | 基本（10℃まで） |
| ☀ 日当たり | 普通 |
| ! 育てやすさ | 育てやすい |
| 💬 花言葉 | 永遠の幸せ |
| 🐻 ペット・赤ちゃん | ✕ 毒あり |

**育て方の詳細**

### 育て方 POINT

◇◇◇◇◇◇◇◇

観葉植物の基本の育て方で管理すれば、それほど大きなトラブルなく育てることができます。やや冬の寒さに弱いため、寒さに当たらないように気をつけましょう。耐陰性がありますが、暗い場所に長く置くと葉が弱ってしまいます。明るい場所での管理がベターです。

# Rubiaceae

## アカネ科

アカネ科の植物は昔から日本でも庭木として親しまれていました。サンタンカやクチナシなど、花を咲かせる観賞木として人気です。観葉植物としてはコーヒーの木が代表種。艶のある葉っぱで、白い花を咲かせます。日本の環境では冬が寒過ぎるため、室内用の観葉植物として人気が出ました。花のあとは実をつけます。

### POINT 1

#### ツヤツヤの葉

コーヒーの木は、元気いっぱいの艶のある葉が特徴。黄緑色の新芽も見どころ。

### POINT 2

#### 花が咲く

樹高が1mを超えるとかわいらしい白い花が咲く。花は2、3日で散るのでお見逃しなく！

### POINT 3

#### コーヒー豆が採れるかも？

大株になると、花後にたくさんの実をつける。大事に育てて、割って煎って挽いてみよう。

# コーヒーの木

## 大きく育てれば花と実を楽しめる

光沢があり、やや波打った緑色の葉が美しい人気の植物です。新芽の時期は新芽の黄緑色と古葉の緑色のコントラストが美しい。1m以上の樹高になると香りの良い白い花が咲き、赤い実をつけます。この実の中にある種がコーヒー豆となります。

| | |
|---|---|
| 原産地 | 熱帯アフリカ |
| サイズ | テーブル〜XL |
| 最低気温 | 基本（10℃まで） |
| 日当たり | 明るい場所 |
| 育てやすさ | 普通 |
| 花言葉 | 一緒に休みましょう |
| ペット・赤ちゃん | ○ 害なし |

育て方の詳細

### 育て方 POINT

夏の直射日光と水切れ、冬の寒さ焼けに注意。夏は生長期でとてもよく水を吸うのでこまめに水やりを。特に冬の寒さに弱く、ほんの10分屋外に出しただけでも葉が落ちることがあるので注意しましょう。

# Urticaceae

## イラクサ科

イラクサ科は、草っぽい姿をした柔らかい葉を持つ植物たちです。大きな植物の下や谷などの湿度のある半日陰を好みます。そのため、観葉植物として楽しまれているイラクサ科の植物も耐陰性が高く、湿度を好みます。イラクサ科の代表的な観葉植物はピレアで、丸いかわいらしい葉と品種量の多さが人気です。

**POINT 1**

### 丸い葉

ピレアの特徴はなんといっても小さな丸い葉。かわいらしい姿が楽しめる。

**POINT 2**

### ボリューム

生長期にしっかり育つので、育てていくにつれボリュームが出て見応えが増す。

**POINT 3**

### 花が咲く

夏ごろに、華やかではないがかわいらしい薄ピンクやクリーム色の小さな花を咲かせる。

# ピレア・ペペロミオイデス

## まんまる葉っぱがチャーミング

肉厚な丸葉が特徴です。生長すると主幹が木質化し立ち上がり、下から新芽がたくさん生えてきます。葉の形からパンケーキにもたとえられるユニークな植物です。耐陰性があり、窓際以外のちょっとした場所でも育てることができます。

| | |
|---|---|
| 原産地 | 中国、西インド諸島 |
| サイズ | テーブル |
| 最低気温 | 基本（10℃まで） |
| 日当たり | 耐陰性あり |
| 育てやすさ | 普通 |
| 花言葉 | 救われる人々 |
| ペット・赤ちゃん | ○ 害なし |

**育て方の詳細**

### 育て方 POINT
◇◇◇◇◇◇

レースカーテン越しの柔らかい日差し〜明るめの日陰を好みます。直射日光や真夏の南窓などは嫌いますので、窓際よりもお部屋の中のほうで管理するほうがよいでしょう。夏は暑い室内で空気が籠ると株が蒸れて葉が黒くなり落ちてしまうため、風通し良く管理します。

# Polypodiaceae

## ウラボシ科

多くのシダ植物がこの科に入ります。葉裏に小さな胞子のう
（胞子を作る器官）が星のように並んでいる姿からウラボシ科
と呼ばれます。自生地では、根や茎がほふくするように伸び、
樹木や岩に着生して育ちます。湿度のある半日陰を好むため室
内で育てやすいと昔から人気がある植物です。人気のビカクシ
ダもこの科の仲間です。

---

**POINT 1**

### 独特なフォルム

海藻のようにゆらりと伸びる葉
の形がユニーク。オブジェのよ
うな姿が人気。

---

**POINT 2**

### 抜け感のある葉色

シダ植物はブルーやシルバーが
かった葉が多いことも特徴のひ
とつ。抜け感がありおしゃれ。

---

**POINT 3**

### けっこうよく育つ

シダ植物は、水を切らさず風を
通して育てると大きく育つ。お
世話が楽しい品種のひとつ。

# ビカクシダ・ネザーランド

胞子葉

貯水葉

## 鹿の角（つの）のような形のユニークなシダ植物

鹿の角のような葉が特徴のシダ植物で、コウモリランとも呼ばれます。株元に張りつくように広がる茶色くなる貯水葉（ちょすいよう）と、ベルベットのような触り心地の胞子葉（ほうしよう）を展開します。おしゃれなグリーンインテリアとしてファンの多い植物です。

| | |
|---|---|
| 原産地 | オーストラリア |
| サイズ | テーブル〜M、板付 |
| 最低気温 | 基本（10℃まで） |
| 日当たり | 普通 |
| 育てやすさ | 普通 |
| 花言葉 | 信頼、助け合う、魔法 |
| ペット・赤ちゃん | ○ 害なし |

育て方の詳細

育て方 POINT

◇◇◇◇◇◇

通年風通しの良い場所で管理します。水やりはメリハリを好むので、植えつけている土や水苔が乾いたらたっぷりと与えます。板づけしている仕立てのものは、水苔が水を吸い重くなるのを確認しましょう。直射日光と暗過ぎる場所を避けて、育ててください。

# Arecaceae

## ヤシ科

ヤシ科は世界の熱帯〜亜熱帯を原生地とし、世界中にたくさんの品種があります。葉が噴水のように広がりオンリーワンの存在感。品種ごとに葉の大きさや細さ、色味が異なります。日本でも観葉植物としていくつかのヤシが流通しています。サイズもテーブルサイズから特大サイズまで幅広く、比較的育てやすい。

### POINT 1
#### 一気にリゾート気分

大きな株が1本あるだけで存在感のあるインテリアに。リゾート風のデザインが人気。

### POINT 2
#### マメに水やり

ヤシは水の吸収が早く水やりの頻度が比較的高め。土の乾き具合はこまめに確認が必要。

### POINT 3
#### 小さいサイズもある

テーブルサイズ〜膝丈くらいのサイズもある。大きなサイズでなくともヤシ感が楽しめる。

# テーブルヤシ

## 育てやすく小型から大型までサイズも豊富

テーブルヤシは育てやすいヤシの代表種として昔から人気の観葉植物です。艶のある濃い緑色と爽やかな細い葉が特徴。どんなインテリアにも馴染みます。サイズもテーブルに飾れる程度の大きさから床置きの大型まで幅広く選びやすい。

育て方 **POINT**

耐陰性が高く、ある程度の光が入れば育ちますが、あまり暗過ぎると葉色が薄くなるため、明るめの場所で管理するのをおすすめします。蛍光灯がついているお部屋なら安心です。乾燥すると葉先が茶色く枯れるので、その部分はカットはしましょう。新芽は葉の内側から出てきます。

| | |
|---|---|
| 原産地 | メキシコ、中南米 |
| サイズ | テーブル〜XL |
| 最低気温 | 基本（10℃まで） |
| 日当たり | 耐陰性あり |
| 育てやすさ | 育てやすい |
| 花言葉 | あなたを見守る |
| ペット・赤ちゃん | ○ 害なし |

育て方の詳細

# ケンチャヤシ

## 育て方 POINT

耐陰性がかなり高く、逆に太陽光が強過ぎる場所だと葉焼けを起こしてしまいます。できれば窓際から少し離れた場所で管理するとよいでしょう。樹勢が出てくると大きくなった古い葉が外に広がってきますので、春〜秋に株元から切り落として樹形を整えます。

### 耐陰性が高く明る過ぎる場所は好みません

濃い目の緑色の葉が特徴のヤシです。1本でバシッと決まる姿は空間の主役にぴったりです。ヤシの中では水持ちも良く、育てやすいのが嬉しいポイントです。耐陰性が高いため、明るさに不安があるけれどヤシを育てたい！という方にぴったりです。

| | | |
|---|---|---|
| 原産地 | オーストラリア | |
| サイズ | テーブル〜XL | |
| 最低気温 | 基本（10℃まで） | |
| 日当たり | 耐陰性あり | |
| 育てやすさ | 普通 | |
| 花言葉 | 勝利 | |
| ペット・赤ちゃん | ○ 害なし | |

育て方の詳細

147

# フェニックス・ロベレニー

## ザ・常夏な雰囲気満点のヤシの人気者

南国感あふれる外観と光沢のある葉が特徴的です。太い幹はゴツゴツとした幹肌でワイルド。葉は傘のように大きく開き、切り葉としてアレンジメントにも使われます。バルコニーやお部屋に置くと、一気に南国ムードを演出してくれます。

| | |
|---|---|
| 原産地 | 東南アジア |
| サイズ | M〜XL |
| 最低気温 | 強い（5℃まで） |
| 日当たり | 明るい場所 |
| 育てやすさ | 普通 |
| 花言葉 | 躍動感 |
| ペット・赤ちゃん | ○ 害なし |

育て方の詳細

### 育て方 POINT

◇◇◇◇◇◇◇

フェニックス・ロベレニーの最大の特徴は「水が大好き」というところです。根が張るのが早く、流通しているほとんどの株が根がぎゅうぎゅうに詰まった状態なので保水性がほとんどありません。夏場の室内は毎日か2日に1回、屋外管理の場合は毎日水を与えましょう。

# ココヤシ

**種子から葉が出たユニークな姿で売られています**

ココヤシは、ヤシの種子から根と葉が伸びて植木鉢に植えつけられているユニークな姿で流通することが多いです。小さい頃は葉がくっついて幅広い1枚の葉のように見えますが、生長するにつれ葉が裂けて、細く繊細な葉姿に変わります。

◎ 原産地　熱帯アジアなど

⌐⌐ サイズ　S〜XL

🌡 最低気温　基本（10℃まで）

☀ 日当たり　普通

❗ 育てやすさ　普通

💬 花言葉　思いがけない贈り物、固い決意

🐻 ペット・赤ちゃん　○ 害なし

**育て方の詳細**

# 雲南シュロチク

## 繊細な葉が広がるモダンな佇まい

シュロチクよりも細く繊細な葉を持ち、流通量が少ない品種です。和風のイメージがあるシュロチクですが、雲南シュロチクはスタイリッシュでモダンな雰囲気。丈夫で育てやすく、耐寒性・耐陰性も高いため場所を選ばず育てることができます。

### 育て方 POINT

寒さ・暗さに強いので、直射日光を避けた場所で管理します。水やりは土の表面が乾いたら与えます。特に夏は水切れに注意します。水切れすると葉の水分が抜けて葉が枯れてしまいます。また、乾燥すると葉先が茶色くなるので、その際は先端を斜めにカットします。

| | |
|---|---|
| 原産地 | 中国南部 |
| サイズ | L〜XL |
| 最低気温 | 強い（0℃まで） |
| 日当たり | 耐陰性あり |
| 育てやすさ | 育てやすい |
| 花言葉 | 思慮深い、成功 |
| ペット・赤ちゃん | ○ 害なし |

育て方の詳細

# チャメドレア・メタリカ

**メタリックに輝く葉がクールで魅力的**

寒さと暗さに強いチャメドレアのレア品種メタリカ。葉は初心者マークのような形をしておりシルバーがかったメタリックなグリーン色です。コンパクトに育つタイプなので幅が出過ぎたり暴れたりせず、置き場所にも困りません。

| | |
|---|---|
| 原産地 | メキシコ |
| サイズ | テーブル〜S |
| 最低気温 | 強い（0℃まで） |
| 日当たり | 耐陰性あり |
| 育てやすさ | 育てやすい |
| 花言葉 | あなたを見守る |
| ペット・赤ちゃん | ○害なし |

育て方の詳細

## 育て方 POINT

◇◇◇◇◇◇

耐陰性が強く育てやすいです。レースカーテン越しの明るめの環境だと葉色もきれいなままで、株も健康に育ちます。脇芽や子株が発生しない単幹の植物なので、剪定で幹を切らないように注意して育ててください。水やりは鉢中まで乾いてからたっぷり与えます。

# Zamiaceae

ザミア科

固く太い茎や葉を持つ裸子植物です。性質は強健で育てやすい。明るく暖かい環境で育ち、水捌けが良い土を好みます。ザミア科は観葉植物として流通している品種でも屋外で育てることができるものが多いです。日照が強いほうが株が締まり良い株となるため、室内で育てる場合は極力明るい場所で管理します。

---

**POINT 1**

乾燥を好む

土は乾燥気味を好むため、乾かし気味に管理を。冬場はさらに水を控える。

---

**POINT 2**

明るく暖かいのが大好き

とにかく明るい場所で管理する。暗過ぎると徒長し葉が垂れてしまい不恰好に。

---

**POINT 3**

植木鉢にこだわりたい

スタイリッシュな見た目のザミア科。植木鉢にもこだわってかっこいいひと鉢に仕上げて。

# ザミア・プミラ

## 大株になると幹が肥大しワイルドな姿に変身

「メキシコソテツ」とも言われ、ソテツを洋風にしたような見た目です。ソテツは葉にトゲがあり触ると痛いですが、ザミア・プミラは葉が柔らかくオレンジの産毛が生えていて、痛さはありません。大きく育つと幹も太くなりワイルドになります。

| | |
|---|---|
| 原産地 | メキシコ |
| サイズ | テーブル〜XL |
| 最低気温 | 基本（10℃まで） |
| 日当たり | 明るい場所 |
| 育てやすさ | 育てやすい |
| 花言葉 | 雄々しさ |
| ペット・赤ちゃん | ○ 害なし |

育て方の詳細

### 育て方 POINT

明るく暖かい場所を好みます。明るい場所で管理することで、葉が間延びせず株もがっちり太く育ちます。真夏の直射日光は葉焼けすることがあるので注意しましょう。乾燥を好むため、水やりは乾燥気味に行います。土がしっかり乾いたら与えてください。

153

# Piperaceae

## コショウ科

コショウ科は聞き馴染みがあまりないと思いますが、観葉植物ではペペロミアという植物がこの科にあたり、長い間育てやすい観葉植物として人気です。特徴は、多肉質なぷっくりとした葉っぱです。丸い形をしたものが多く、葉模様や色はさまざまです。テーブルサイズが多く、はじめてのひと鉢にもぴったりです。

### POINT 1
### 水やりが楽

乾燥を好むため、土が完全に乾いたら水やりをすればよい。手間がかからず嬉しい。

### POINT 2
### 好みの模様はどれ？

ペペロミアは品種が豊富。いくつか品種を見くらべてから好みのものを見つけてみて。

### POINT 3
### ハンギングも楽しめる

垂れるように育つ品種はハンギングでも楽しめる。水やりが少ないのでハンギング向き。

# ペペロミア・プテオラータ

**ペペロミアの中でも育てやすい人気種**

ペペロミアは世界で1,000種以上も品種があり、葉の形や模様はバラエティに富んでいます。小型の種類が多く、日本の環境でも育てやすいため観葉植物として人気があります。プテオラータは硬く肉厚な縞模様の葉と赤い茎が特徴です。

## 育て方 POINT

直射日光の当たらない明るい場所を好みます。耐陰性はありますがあまり暗いと葉が弱ってしまうので気をつけましょう。冬は暖かい場所で管理します。水やりはやや乾燥を好むので与え過ぎに注意します。手で土を触ってしっかり乾いていることを確認して。

原産地 — 熱帯、亜熱帯地域

サイズ — テーブル〜M

最低気温 — 基本（10℃まで）

日当たり — 普通

育てやすさ — 育てやすい

花言葉 — 艶やか、かわいらしさ、片思い

ペット・赤ちゃん — ○害なし

育て方の詳細

# ペペロミア・サンデルシー

## スイカ柄のような縞模様の葉が特徴

その葉柄から「スイカペペロミア」の愛称で親しまれているペペロミアです。スイカの果実のような色の赤い茎もチャーミング。プテオラータ同様に人気の品種で、春から秋の時期にはテーブルサイズのサンデルシーが店頭に並びます。

### 育て方 POINT

ペペロミア全般の育て方の基本「直射日光の当たらない明るい場所で乾燥気味に育てる」を念頭に、特に冬の寒さに当たらないように気をつけて管理します。サンデルシーはほかの品種に比べてやや寒さからの傷みが出やすいため、冬はよく土を乾かしてから常温で水やりを。

| | |
|---|---|
| ⊚ 原産地 | 熱帯、亜熱帯地域 |
| ⊔ サイズ | テーブル〜M |
| 🌡 最低気温 | 基本（10℃まで） |
| ☀ 日当たり | 普通 |
| ❗ 育てやすさ | 普通 |
| 💬 花言葉 | 艶やか、かわいらしさ、片思い |
| 🐻 ペット・赤ちゃん | ○ 害なし |

育て方の詳細

# ペペロミア・ジェリー

**ピンク縁にクリーム色が入った明るい葉色**

ペペロミア・ジェリーは優しい色あいの緑色とクリームが交ざった葉で、縁は赤ピンク色をしていて葉はぷっくり肉厚です。茎は赤色が入り、鮮やかな色合いとかわいらしい雰囲気が楽しめます。小さめのサイズで流通することがほとんどです。

| | |
|---|---|
| ⊙ 原産地 | 熱帯、亜熱帯地域 |
| ⊔ サイズ | テーブル |
| 🌡 最低気温 | 基本（10℃まで） |
| ☀ 日当たり | 普通 |
| ! 育てやすさ | 育てやすい |
| 💬 花言葉 | 艶やか、かわいらしさ、片思い |
| 🐻 ペット・赤ちゃん | ○ 害なし |

**育て方の詳細**

### 育て方 POINT

◇◇◇◇◇

白い葉を持つ品種は、明るめの場所で管理しないと葉の元気がなくなったり、葉が黒ずんだりしてしまいます。直射日光は避けますが、極力明るい場所で管理するとより健康に育ちます。春先からは肥料も与えましょう。葉色のコントラストがより美しくなります。

## COLUMN

# 剪定した葉で水耕栽培を試してみよう

せっかく育った枝葉を剪定し、そのまま捨ててしまうのはもったいないなと思う人は多いのではないでしょうか。そんなときは、水耕栽培で新たに育て直すことをおすすめします。観葉植物の比較的多くの品種は、剪定した枝や葉を水に挿しておくと根が出てきて水耕栽培で育てることができます。

水耕栽培の方法は大まかに分けると「水挿し」と「ハイドロカルチャーなどの無機物に植え込む」の2つに分けられます。

まず水挿しですが、剪定したらガラスの瓶などに水を張り、剪定した枝葉を水に挿します。数日に1回水を替えながら育てます。そのまま水挿しで育ててもよいですし、根っこが出てきたらハイドロカルチャーなどの素材に植え替えるのもよいでしょう。液肥を与えながら育てると、土栽培と同じように元気に育てることができます。

ここで覚えておきたいのが、水耕栽培は土栽培のときとは根のしくみが異なるということです。そのしくみを理解しておくと、水耕栽培に移行したあとの管理がわかりやすくなると思います。

まず、植木鉢で育つ植物の根は、土を経由して水や栄養を吸収しています。根っこが直接水分を吸収できないため、根のまわりに土がしっかり固定されていないと、水と栄養が吸えずに枯れてしまいます。一方、水耕栽培で

すが、枝葉を剪定し水につけたときに出てくる根っこは、自然界で何らかのトラブルがあり、植物の周りに土がなくなった緊急事態のときに出てくる根っこです。この根は土内で生える根とは性質の違う根で、雨や水たまりなどの水を直接吸えるタイプの根っこになります。つまり、土を介さなくても直接根が水と栄養を吸収できるのです。この緊急用の生命維持システムの根を利用したのが水耕栽培です。

ですので、例えば元々土に植えられていた植物を土から出して水耕栽培にしたい、という場合は、水耕栽培に適した根が出ていないため、はじめのうちは適した根が生えてくるまでは水がうまく吸えず、葉を落としてしまいます。次第に水耕栽培用の根が伸びてくると、安定して水が吸えるようになり株の状態も落ち着きます。

虫が不安で観葉植物を無機物の素材に植え替えて水耕栽培で育てたいという場合は、あらかじめ枝葉を間引いておくとよいでしょう。ハイドロカルチャーなどの無機物で根を支えて育てる水耕栽培も、土栽培の水やりと同じように、メリハリをつけて与えます。素材に水気がなくなったら、新しい水を追加して育てます。

簡単にできる栽培方法「水耕栽培」。ぜひみなさんの観葉植物でも試してみてくださいね。

# Strelitziaceae

## ゴクラクチョウカ科

うちわのような大きな葉が扇状に広がる樹形が特徴のゴクラクチョウカ科。大株になると鳥の頭のような形をした立派な花をつけます。レギネの花は切花でも使用され、オーガスタの花はドライにしたものが流通することも。タビビトの木の花の実のブルーは見事。葉も花も実も楽しめる、観葉植物の人気種です。

---

### POINT 1

**元気いっぱいに広がる**

大きな葉が左右に広がるダイナミックな樹形。インテリアとしても存在感が抜群です。

### POINT 2

**水やりは控えめに**

太い茎と根を持ち、乾燥に強いのが特徴。根腐れさせないようにスパルタな水やりを。

### POINT 3

**花を咲かせたい！**

レギネは比較的花が咲きやすい。明るく暖かい場所での管理が開花のコツ。

# ストレリチア・オーガスタ

## 扇形に大きく葉を広げる元気な葉が魅力

艶のある大きな葉が美しく、現地で大きく育った株は、鳥が羽ばたいたような形の大きな白い花を咲かせ「天国の白い鳥」と呼ばれ親しまれています。葉は大きくなるにつれ裂けてきますが、風を通し株が倒れないようにするための進化です。

### 育て方 POINT

非常に水持ちが良いため、土をカラカラに乾かしてから水を与えます。耐陰性はありますが暗過ぎる場所に置くと葉が細くなり垂れ下がってしまうので、明るい場所での管理がおすすめです。大きく開いた古い葉は春〜秋に根元から剪定し樹形を整えましょう。

| | |
|---|---|
| 原産地 | マダガスカル、南アフリカ |
| サイズ | テーブル〜XL |
| 最低気温 | 基本（10℃まで） |
| 日当たり | 普通 |
| 育てやすさ | 育てやすい |
| 花言葉 | 輝かしい未来、温かい心 |
| ペット・赤ちゃん | × 毒あり |

育て方の詳細

# ストレリチア・レギネ

### シルバーブルーの抜け感リーフがおしゃれ

レギネはオーガスタよりも葉が硬く幅が細く、中央にピンク色の葉脈が入ります。乾燥や寒さにも強く、育てやすいストレリチアの代表種です。鳥が羽ばたいたようなオレンジ色の花を咲かせ「極楽鳥花」と呼ばれ、切り花でも使用されます。

| | | |
|---|---|---|
| ◎ 原産地 | 南アフリカ | |
| ⌣ サイズ | テーブル〜XL | |
| 🌡 最低気温 | 基本（10℃まで） | |
| ☀ 日当たり | 耐陰性あり | |
| ⚲ 育てやすさ | 育てやすい | |
| 💬 花言葉 | 寛容、輝かしい未来 | |
| 🐻 ペット・赤ちゃん | ×毒あり | |

育て方の詳細

### 育て方 POINT

◇◇◇◇◇

暑さ・寒さ・乾燥に強い育てやすい品種です。オーガスタ同様に土をよく乾かしてから水やりを行います。花を咲かせたい場合は、特に明るく暖かい場所で管理することを心がけましょう。花は体力を消耗するため、咲いたら1、2週間で摘み取ります。枯葉や古葉は根元から剪定を。

# ストレリチア・ノンリーフ

## オブジェのような立ち姿がスタイリッシュ

ストレリチア・ノンリーフはユンケアという品種のストレリチアで、葉がほとんどない細葉の品種です。光合成は茎の部分のみで行っているため生育は緩やか。ほかのストレリチアよりも乾燥する地域が原生地のため、より乾燥に強いのが特徴です。

原産地 — 南アフリカ

サイズ — テーブル〜
XL

最低気温 — 強い
（0℃まで）

日当たり — 耐陰性あり

育てやすさ — 育てやすい

花言葉 — 寛容、
輝かしい未来

ペット・
赤ちゃん — ×毒あり

育て方の詳細

### 育て方 POINT

耐陰性も強いですが、あまり長い間暗めの場所で管理すると株が軟弱になり、葉が途中で折れてしまったりします。置き場所はやはり明るく暖かい場所にしたほうが株が健康に育ちます。根詰まりしやすいため、定期的に植え替えし、広がり過ぎた葉は根元から剪定します。

# Gesneriaceae

## イワタバコ科

イワタバコ科の植物は日本にも自生しており、山野草の代表種です。湿った崖や岩などに生える多年草です。観葉植物として流通している品種は、熱帯アジア原産の着生タイプ（＊）のエスキナンサスです。美しい大きな花を咲かせるのが特徴で、比較的花つきが良いため初心者でも花を楽しむことができます。

＊岩や木などに付着し生きている植物のこと。

### POINT 1
### 花が咲く

リップスティックの形に似た鮮やかな花が楽しめる。明るく暖かい場所で管理する。

### POINT 2
### ハンギングで楽しめる

ボリュームが出やすく垂れるように育つため、ハンギングプランツがおすすめ。

### POINT 3
### 乾燥に強い

乾燥に強く水持ちが良い。ハンギングにしても水やりの手間が少なく管理しやすい。

# エスキナンサス・ラディカンス

**肉厚な丸葉を持ち赤い花を咲かせます**

エスキナンサスはぷっくり肉厚な葉が特徴で、枝垂れるように育ちます。葉に水分を溜めることができ、乾燥に強く育てやすいためハンギングひと鉢目におすすめです。明るく暖かい場所で育てるとチューリップのような形の赤い花を咲かせます。

### 育て方 POINT

◇◇◇◇◇

乾燥を好みます。土は乾かし気味に管理し、与えるときはたっぷり与えます。土が乾燥し過ぎると水が吸いづらくなることがあるため、鉢が重くなることを確認しましょう。比較的耐陰性もあり日陰でも育ちますが、花を咲かせたい場合は明るく暖かい場所で管理します。

| | |
|---|---|
| 原産地 | 東南アジア |
| サイズ | テーブル〜M |
| 最低気温 | 基本（10℃まで） |
| 日当たり | 普通 |
| 育てやすさ | 育てやすい |
| 花言葉 | 偉大、燃える心、温かい心、枯れない愛 |
| ペット・赤ちゃん | ○害なし |

育て方の詳細

# エスキナンサス・ボレロ

**薄緑色の細かい葉を持ち赤い花を咲かせます**

ボレロの特徴は、細長く繊細な葉です。葉はマットな質感で色味が薄く、ふんわりとボリュームを増やしながら生長します。繊細で柔らかい印象を持つエスキナンサスです。花も咲かせやすく、大きな赤い花をつけます。

## 育て方 POINT
◇◇◇◇◇◇

ラディカンスにならった乾燥気味の管理を行います。ボレロは葉が薄く小さいため、日照が強過ぎると葉が焼けてしまいます。夏に窓際で管理する際はレースカーテン越しの光を当てるか、部屋の中のほうに移動しましょう。花は咲き終わったら摘み取ります。

| | |
|---|---|
| 原産地 | 東南アジア |
| サイズ | テーブル～M |
| 最低気温 | 基本（10℃まで） |
| 日当たり | 普通 |
| 育てやすさ | 育てやすい |
| 花言葉 | 偉大、燃える心、温かい心、枯れない愛 |
| ペット・赤ちゃん | ○ 害なし |

育て方の詳細

# Cactaceae

サボテン科

アメリカ大陸原産の多肉質の植物で、棘が生えている根元に刺
座と呼ばれる、白いふわふわした部分があるのがサボテン科の
特徴です。棘は退化したものもあります。柱状、球状、紐状と
品種ごとに個性的な見た目が楽しめます。植木鉢で育てても花
を咲かせる品種が多く、見応えのある花が楽しめます。

---

**POINT 1**

花が咲く

品種により大小あるが、見応え
のある花を咲かせる。開花時間
が短いので見逃さずに。

---

**POINT 2**

明るく暖かい場所が好き

サボテンは明るく暖かい環境で
よく育つ。暗い場所だとひょろ
ひょろしてしまう。

---

**POINT 3**

水やりはメリハリを

乾燥を好むので土をよく乾かし
てから水を与える。季節を問わ
ずメリハリをつけた水やりを。

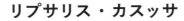

# リプサリス・カスッサ

**茎が細く繊細でボリュームが出る**

リプサリスは森の中で樹木にくっついて育つ多肉植物で、その形状からヒモサボテンとも呼ばれます。枝垂れる葉のような部分は茎が変形した葉状茎（ようじょうけい）と呼ばれます。乾燥に強く育てやすいため、ハンギング初心者におすすめです。花色は白。

| | |
|---|---|
| 原産地 | 熱帯アメリカ |
| サイズ | テーブル〜M |
| 最低気温 | 基本（10℃まで） |
| 日当たり | 普通 |
| 育てやすさ | 育てやすい |
| 花言葉 | 偉大、燃える心、温かい心、枯れない愛 |
| ペット・赤ちゃん | ○ 害なし |

**育て方の詳細**

### 育て方 POINT

◇◇◇◇◇◇

乾燥に強く耐陰性があるので薄日が差す程度の明るさがあれば育ちますが、定期的に明るい場所で日光浴させると株が健康に育ち花も咲きやすくなります。カスッサは水が不足し過ぎると葉が細くなり戻らなくなるので、夏は水切れしないよう注意しましょう。

[ 2 ]

# リプサリス・ミクランサ

## 平たい茎が横に広がりながら枝垂れる

ミクランサは葉状茎が、若干横に広がるように生長し、次第に下に垂れるようになります。ボリュームも出て見応えがあります。白い小さな花を咲かせ、花後にはリプサリスでよく見られる球状の半透明の実をつけます。

| | |
|---|---|
| 📍 原産地 | 熱帯アメリカ |
| ⌴ サイズ | テーブル〜M |
| 🌡 最低気温 | 基本（10℃まで） |
| ☀ 日当たり | 普通 |
| ! 育てやすさ | 育てやすい |
| 💬 花言葉 | 偉大、燃える心、温かい心、枯れない愛 |
| 🐻 ペット・赤ちゃん | ○ 害なし |

**育て方の詳細**

### 育て方 POINT

ほかのリプサリス同様に、明るめの場所で乾燥気味に管理します。ミクランサは葉がやや肉厚で長く重いため、水が多過ぎると株元が蒸れて傷んでしまい、葉の重みで葉が切れてしまうことがあります。特に夏の時期は風をよく通すことを心がけて管理しましょう。

# リプサリス・エリプティカ

**平たく横幅が広い茎が珍しい**

エリプティカは、ほかの細長いフォルムのリプサリスとは異なり、葉状茎の幅が広いのが特徴です。楕円状で波打ったような形が連なるように育ちます。葉の縁に沿うように多数の蕾をつけ、やがて白い花を咲かせます。

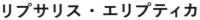

| | |
|---|---|
| 原産地 | 熱帯アメリカ |
| サイズ | テーブル〜M |
| 最低気温 | 基本（10℃まで） |
| 日当たり | 普通 |
| 育てやすさ | 育てやすい |
| 花言葉 | 偉大、燃える心、温かい心、枯れない愛 |
| ペット・赤ちゃん | ○ 害なし |

育て方の詳細

## 育て方 POINT

エリプティカは花を咲かせる際に、葉状茎の縁のフリルのような形に沿ってたくさんの蕾をつけます。花期はそれは見事に咲きますので、あまり日陰に置かずに暖かく明るい場所で管理するのをおすすめします。日照が強いと葉の色が赤く変化するのが楽しめます。

# リプサリス・ラムローサ

## 平たく大きい茎が特徴で紅葉も美しい

ラムローサはエリプティカと同じように平たく、暑さはそれほ
どなく、縦に長い形をしています。環境や温度で葉の色が赤く
紅葉しますが、特に太陽の光が強く当たると赤く色づきます。
緑色が増えてきたら日照不足の合図です。

| | |
|---|---|
| 原産地 | 熱帯アメリカ |
| サイズ | テーブル〜M |
| 最低気温 | 基本（10℃まで） |
| 日当たり | 普通 |
| 育てやすさ | 育てやすい |
| 花言葉 | 偉大、燃える心、温かい心、枯れない愛 |
| ペット・赤ちゃん | ○ 害なし |

育て方の詳細

### 育て方 POINT

◇◇◇◇◇◇

ラムローサもエリプティカ同様
に、明るめの場所で管理すると
その葉色の美しさや花や実を楽
しめます。水の頻度が少ないと
葉の厚みが薄くなり、色も抜け
てきます。水をあげる際は土が
たっぷりと水を吸ったことを、
鉢が重くなることで確認するよ
うにしましょう。

# エピフィルム・アングリガー

## フィッシュボーンカクタスと呼ばれる人気者

森の中で樹木にくっついて育つサボテンの仲間です。棘は生えず、艶のある葉が特徴です。乾燥に強く育てやすいため、ハンギング初心者におすすめです。アングリガーは別名「フィッシュボーンカクタス」。ユニークなフォルムが楽しめます。

| | |
|---|---|
| 原産地 | メキシコ |
| サイズ | テーブル〜M |
| 最低気温 | 基本（10℃まで） |
| 日当たり | 普通 |
| 育てやすさ | 育てやすい |
| 花言葉 | 幸せをつかむ、はかない美 |
| ペット・赤ちゃん | ○害なし |

育て方の詳細

# 柱サボテン

## サボテンといえばこの樹形！

オンリーワンのインテリア性が人気の柱サボテン。大型は存在感も抜群で、うまく育てると花を咲かせます。国内で流通しているものは、棘なしの鬼面角が多く、まれに棘が少しあるケレウスヤマカル（写真）があります。乾燥に強く育てやすいです。

| | |
|---|---|
| 原産地 | アフリカ、南米 |
| サイズ | S〜XL |
| 最低気温 | 基本（10℃まで） |
| 日当たり | 明るい場所 |
| 育てやすさ | 育てやすい |
| 花言葉 | 情熱 |
| ペット・赤ちゃん | ○ 害なし |

**育て方の詳細**

育て方 **POINT**

明るく暖かい場所に置き、乾燥気味に育てます。夏は土が完全に乾いたら水をたっぷり与えます。水が不足してくると株が柔らかくなり胴体が薄くなります。株がしぼんできたら水を与える方法でもよいでしょう。冬は株元に常温の水をジワッとかける程度に与えます。

# Araceae

## サトイモ科

ポトスやアンスリウム、モンステラなど育てやすい観葉植物の代表種。太い根と茎を持ち、水持ちが良く管理がしやすいのが特徴です。葉の模様や形や大きさはさまざまで個性的。育てやすく見応えがあるので観賞植物として長い間楽しまれてきました。生育旺盛な樹種も多く、育てがいがあります。

**POINT 1**

### 特徴的な葉っぱ

色、形、模様、大きさのバリエーションが豊富。個性的な植物を楽しみたい方にぴったり。

**POINT 2**

### 冬の寒さに注意

寒さにやや弱い品種が多いため、冬場の管理は明るく暖かい場所で行う。

**POINT 3**

### 苞が美しい

水芭蕉のような、仏炎苞と呼ばれる花の形に似た大きな苞が美しい。

# クワズイモ

## ハート形の葉と太い根茎が特徴です

サトイモに似ていますが、葉や茎に毒があって食べられないことから「食わず芋」と名づけられました。茎が肥大し幹のように伸びた根茎がワイルド。根茎から大きな葉がすっと伸びるスタイリッシュな姿は、インテリアグリーンとして人気です。

育て方 **POINT**

クワズイモはレースカーテン越しの明るい場所で管理します。耐陰性はありますが暗過ぎると株が弱り葉が垂れ下がります。水の頻度が多いと株が柔らかくなり黒ずみます。乾燥気味を心がけ、水やりの前に必ず株を触ってしっかり硬いかを確認すると安心です。

| | |
|---|---|
| 原産地 | 中国、台湾、東南アジア、インド、日本 |
| サイズ | S〜XL |
| 最低気温 | 基本（10℃まで） |
| 日当たり | 普通 |
| 育てやすさ | 育てやすい |
| 花言葉 | 復縁、仲直り |
| ペット・赤ちゃん | × 毒あり |

育て方の詳細

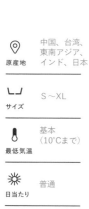

# アグラオネマ・マリア

## 迷彩柄のような葉模様が個性的

品種ごとに異なる独特の葉模様と葉色が個性的で人気のアグラオネマ。マリアは濃い緑色の葉に白の迷彩柄のような模様が入った品種で、育てやすさの面でも人気があります。生育期には水芭蕉のような美しい白い仏炎苞を見ることができます。

⌐2⌐

| | |
|---|---|
| ◎ 原産地 | 熱帯アジア |
| ⊔ サイズ | テーブル〜M |
| 🌡 最低気温 | 基本（10℃まで） |
| ☀ 日当たり | 耐陰性あり |
| ! 育てやすさ | 普通 |
| 💬 花言葉 | 青春の輝き、スマート |
| 🐾 ペット・赤ちゃん | ✕ 毒あり |

**育て方の詳細**

## 育て方 POINT

◇◇◇◇◇◇◇

寒さに弱く、冬の置き場所が寒過ぎると葉が黄色くなったり株元から傷んだりしてしまうことがあります。寒さに当てないように気をつけましょう。古い葉は代謝で黄色くなり落とそうとしますが、冬は傷むためそのままつけておき、春になったら取り除きます。

175

# アグラオネマ・スノーフレークス

## 名の通り、美しい雪のような散り斑が特徴

まだ流通量がそれほど多くない品種です。雪の薄片のようなホワイトの散り斑が特徴です。生育期には白い花を楽しむこともできます。テーブルサイズでの流通が多いため、家具やテーブル脇のちょっとしたスペースで楽しむことができます。

| | |
|---|---|
| 原産地 | 熱帯アジア |
| サイズ | テーブル〜S |
| 最低気温 | 基本（10℃まで） |
| 日当たり | 普通 |
| 育てやすさ | 普通 |
| 花言葉 | 青春の輝き、スマート |
| ペット・赤ちゃん | ×毒あり |

**育て方の詳細**

### 育て方 POINT

◇◇◇◇◇

スノーフレークスは緑色の面積が半分ほどで、葉の半分は白や黄色の斑入り部分です。緑色が少ない品種は、光合成がしやすいように明るい場所で管理すると健康に育ちます。レースカーテン越しの明るい場所で育てましょう。適期に肥料を与えると色が鮮やかになります。

# アグラオネマ・オースビシャスレッド

## 個性的なピンクが空間に映えます

ピンク色の葉色とダークグリーンの縁取りのコントラストが美しい観葉植物です。カラフルな葉色と葉模様は、インテリアグリーンにもピッタリです。新芽から大きな葉に育つまで葉の色や模様を少しずつ変化させながら生長します。

| | |
|---|---|
| 原産地 | 熱帯アジア |
| サイズ | テーブル〜S |
| 最低気温 | 基本（10℃まで） |
| 日当たり | 耐陰性あり |
| 育てやすさ | 普通 |
| 花言葉 | 青春の輝き、スマート |
| ペット・赤ちゃん | ×毒あり |

育て方の詳細

### 育て方 POINT

◇◇◇◇◇◇

スノーフレークス同様に、暗過ぎると葉の状態が悪くなるため、レースカーテン越しの明るい環境で育てます。明る過ぎると葉の色が薄く抜けたように葉焼けします。また、暗過ぎると株が軟弱になり、葉が黒ずんできてしまいます。冬は暖かい場所に移動し管理します。

# マドカズラ

## 窓があいたようなユニークな葉が魅力

葉に窓のように穴があく不思議な半つる性の植物です。その個性的な姿はスタイリッシュなインテリアグリーンとして人気があります。横に広がり、垂れていきますが、ヘゴ支柱などを利用して上に伸ばすと葉が大きくなりボリュームよく育ちます。

| | |
|---|---|
| 原産地 | 中央アメリカ |
| サイズ | テーブル〜M |
| 最低気温 | 基本（10℃まで） |
| 日当たり | 耐陰性あり |
| 育てやすさ | 育てやすい |
| 花言葉 | 嬉しい便り、壮大な計画、深い関係 |
| ペット・赤ちゃん | ×毒あり |

育て方の詳細

### 育て方 POINT

寒さに弱いため、冬は暖かい場所で管理します。また、生育期の夏は水切れに気をつけます。寒さ・水切れはいずれも葉が黄色く薄くなるのが症状です。風をよく通すと生育が良くなり株もしっかりします。特に暖かい時期はよく風を通して管理するように心がけましょう。

# モンステラ・デリシオーサ

### だれでも知ってる観葉植物の代表種

大きな緑色の艶のある葉を持ち、深く切れ込みの入った葉が印象的な観葉植物です。切れ込みは葉の生長とともに深くなり、茎の部分は蔓状に伸びていきます。生長に伴い、支柱を立てたり剪定を繰り返しながら樹形を整えて育てます。

| | |
|---|---|
| 原産地 | 熱帯アメリカ |
| サイズ | テーブル〜XL |
| 最低気温 | 基本（10℃まで） |
| 日当たり | 耐陰性あり |
| 育てやすさ | 育てやすい |
| 花言葉 | 嬉しい便り、壮大な計画、深い関係 |
| ペット・赤ちゃん | ×毒あり |

育て方の詳細

### 育て方 POINT

◇◇◇◇◇◇◇

直射日光の当たらない明るめの場所でよく風を通して育てます。乾燥を好むので水やりはメリハリをつけて与えます。葉が育つと自重で横に広がり倒れるので根元から剪定し、新たに出てくる新芽を育ててあげましょう。定期的に植え替えをして株のバランスを整えます。

# ヒメモンステラ

## 棚上やスタンドに乗せて飾るとおしゃれ

深く切れ込みの入った葉が個性的で、葉色は明るいグリーン。
モンステラとは別属の植物で、左右対象に切れ込みが入るモン
ステラと異なり左右非対称に切れ込みが入るのが特徴です。這
うように育つため、スタンドの上に乗せて飾るのもおすすめ。

| | |
|---|---|
| 原産地 | 熱帯アメリカ |
| サイズ | テーブル〜 M |
| 最低気温 | 基本（10℃まで） |
| 日当たり | 耐陰性あり |
| 育てやすさ | 育てやすい |
| 花言葉 | 嬉しい便り、壮大な計画、深い関係 |
| ペット・赤ちゃん | × 毒あり |

育て方の詳細

### 育て方 POINT

生育期の春〜夏にかけて生育旺
盛に育つため、茎が伸びてきて
邪魔になったら好みの場所で剪
定しましょう。寒さには弱いた
め、冬は暖かい場所で管理しま
す。寒さに少しでも当たると葉
が黒ずんで傷んでしまうことが
あるので気をつけます。

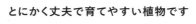

# ポトス・ゴールデン

**とにかく丈夫で育てやすい植物です**

育てやすさと品種の多さから人気のポトス。ゴールデンは緑色に黄色い斑が入ったスタンダードな品種です。ポトスの中でも丈夫で生育も旺盛。つる性なのでぐんぐん伸びる葉っぱがかわいらしく、スタンドに置いて飾るとおしゃれです。

| | | |
|---|---|---|
| 📍 原産地 | ソロモン諸島 | |
| ⌣ サイズ | テーブル〜XL | |
| 🌡 最低気温 | 基本（10℃まで） | |
| ☀ 日当たり | 耐陰性あり | |
| 💡 育てやすさ | 育てやすい | |
| 💬 花言葉 | 永遠の富、華やかな明るさ | |
| 🐻 ペット・赤ちゃん | ×毒あり | |

**育て方の詳細**

**育て方 POINT**

◇◇◇◇◇◇◇

乾燥に強く耐陰性もかなり強いため、場所を選ばず育てることができます。ほかの植物同様に直射日光は葉が焼けるため気をつけます。暗い場所でも枯れることなく育ちますが、斑模様が抜け真緑になってしまいます。水やりは乾燥気味を好むためやり過ぎないように注意。

# ポトス・ライム

## 空間をぱっと明るくしてくれるライムカラー

ポトス・ライムは、ゴールデンと同じく長い間人気の品種として親しまれています。特徴は名前にあるようにライム色の明るい葉色。ゴールデン同様に生育旺盛です。長く伸びたら剪定し、水に挿して水耕栽培で楽しんでいる人も多いです。

| | |
|---|---|
| 原産地 | ソロモン諸島 |
| サイズ | テーブル〜M |
| 最低気温 | 基本（10℃まで） |
| 日当たり | 普通 |
| 育てやすさ | 育てやすい |
| 花言葉 | 華やかな明るさ、永遠の富、長い幸 |
| ペット・赤ちゃん | ×毒あり |

育て方の詳細

### 育て方 POINT

◇◇◇◇◇◇

ライムはゴールデンと比べてやや寒さと暗さに弱いです。生育期から置き場所は明るく暖かい場所にしておくと冬に株が弱らないため安心です。暗過ぎたり寒いと葉に黒っぽいシミができて教えてくれます。春先には肥料を与え、葉色を鮮やかに維持しましょう。

# ポトス・マーブル

## ハッとするような白く美しい葉を持ちます

白い葉に繊細な緑色が散ったようなマーブル。美しい葉色と爽やかな佇まいからファンの多い品種です。ゴールデンやライムと比べると生育が緩やかなため、比較的長い間小鉢のまま育てることができます。葉が伸びてきたら剪定します。

| | |
|---|---|
| ⊙ 原産地 | ソロモン諸島 |
| ⌐⌐ サイズ | テーブル～S |
| 🌡 最低気温 | 基本（10℃まで） |
| ☀ 日当たり | 普通 |
| ⚲ 育てやすさ | 難しい |
| 💬 花言葉 | 華やかな明るさ、永遠の富、長い幸 |
| 🐶 ペット・赤ちゃん | × 毒あり |

育て方の詳細

# シンゴニウム・ピクシー

## 緑の濃淡が美しく爽やかな印象

シンゴニウム・ピクシーは、矢尻形の葉に緑の濃淡が入った美しい葉が特徴です。幼苗のときは株元で葉を茂らせますが、生長すると重みでふんわりとボリュームが下に降りてきます。大株になるとハンギングプランツとしても楽しむことができます。

### 育て方 POINT

シンゴニウムの育て方のコツは、「温度・日照・風通し」すべてを好む環境に適切に揃えてあげることです。そうすることでこの種の特徴のある美しい葉色や模様が楽しめます。はじめのうちは思うようにいかないかもしれませんが、根気よく試してみましょう。

原産地　熱帯アメリカ

サイズ　テーブル〜S

最低気温　基本（10℃まで）

日当たり　耐陰性あり

育てやすさ　育てやすい

花言葉　心変わり、喜び

ペット・赤ちゃん　×毒あり

育て方の詳細

# シンゴニウム・ピンクネオン

## アンティークピンクの葉色が美しい

シンゴニウム・ピンクネオンはグリーンからピンクのコントラストが楽しめる品種です。ピクシーと同じように、矢尻形のカラーリーフで、生長に伴い垂れるように育ちます。色をきれいに出すためには適度な日照や追肥などが必要です。

### 育て方 POINT

シンゴニウムは、直射日光が当たると葉が焼けてしまい、日照が不足すると品種の特性である葉色が出なかったりすることがあります。また、寒過ぎたり風通しがないことでも生育不良の原因となります。適度な置き場を見つけて管理しましょう。

| | |
|---|---|
| 原産地 | 熱帯アメリカ |
| サイズ | テーブル〜S |
| 最低気温 | 基本（10℃まで） |
| 日当たり | 耐陰性あり |
| 育てやすさ | 育てやすい |
| 花言葉 | 心変わり、喜び |
| ペット・赤ちゃん | ×毒あり |

育て方の詳細

# セローム

## 大株になると目玉模様の幹が現れる

切れ込みのある大きな葉と立ち上がる幹が特徴です。幹は太く、葉が落ちたあとが模様のように残ります。太い幹からは気根が伸びるので、さらに個性的な姿としても楽しめます。気根はそのまま育てると自生地に近いワイルドな樹形を楽しめます。

| | |
|---|---|
| 原産地 | ブラジル |
| サイズ | テーブル〜XL |
| 最低気温 | 基本（10℃まで） |
| 日当たり | 普通 |
| 育てやすさ | 育てやすい |
| 花言葉 | 用心深い人、愛の木 |
| ペット・赤ちゃん | ×毒あり |

**育て方の詳細**

### 育て方 POINT

日照が少なく風通しが悪いと葉が小さく薄くなりひょろひょろとしてしまい、株も細く痩せてしまいます。レースカーテン越しの明るい場所で、よく風を通しながら育てるのがポイントです。古い葉は大きく広がり、次第に色が抜けます。定期的に剪定し樹形を整えましょう。

# フィロデンドロン・バーキン

### 白いストライプの斑模様が特徴

光沢のある緑葉に白い斑がストライプ状に入るそのコントラストが特徴的。白みが強い新芽から、生長に伴い緑色が濃く入ってくるので、ひとつの株で葉ごとに異なる模様が楽しめます。気根を伸ばして旺盛に育ちます。

| | | |
|---|---|---|
| 📍 原産地 | 中南米 | |
| 🔲 サイズ | テーブル〜 M | |
| 🌡 最低気温 | 基本 （10℃まで） | |
| ☀ 日当たり | 普通 | |
| 💧 育てやすさ | 普通 | |
| 💬 花言葉 | 華やかな 明るさ | |
| 🐨 ペット・赤ちゃん | ✕ 毒あり | |

**育て方の詳細**

### 育て方 POINT

◇◇◇◇◇◇

適度な明るさを保って管理すれば、葉色も綺麗に維持できます。避けたいのは、直射日光と暗過ぎる環境と寒さです。ほかのサトイモ科の植物同様に育てれば大きなトラブルなく育てることができます。水やりは乾燥気味にし、冬はさらに控えてよいでしょう。

15

# フィロデンドロン・ロジョコンゴ

## 艶のある緑色の大きな葉が存在感抜群

フィロデンドロンらしい肉厚の葉で、葉表は緑色で光沢があり、真っ赤な新芽が開くと次第に黒緑色になります。大型になるほど迫力があります。丈夫で育てやすいので初心者でもチャレンジできます。

| | |
|---|---|
| 原産地 | 中南米 |
| サイズ | S〜M |
| 最低気温 | 基本（10℃まで） |
| 日当たり | 耐陰性あり |
| 育てやすさ | 普通 |
| 花言葉 | 華やかな明るさ |
| ペット・赤ちゃん | × 毒あり |

育て方の詳細

### 育て方 POINT

耐陰性が強く、強健な品種です。明る過ぎると葉色が抜けてしまったり葉焼けしてしまうため、やや明るい日陰を好みます。暗過ぎたり風通しが良くないと葉が小さくなったり株元がぐらついたり生育不良い陥ります。生育期は太陽の光と風に当てて健康に育てましょう。

# フィロデンドロン・オキシカルジューム

**ポトスと並ぶ育てやすい品種です**

垂れ物プランツとしてポトスと並んで人気のオキシカルジューム。つるを伸ばすようにして生長します。ポトスよりも茎が細く葉の形がやや小ぶりです。緑色一色のこの品種は生命力あふれる姿が特徴です。生長スピードが早く変化が楽しめます。

### 育て方 **POINT**

◇◇◇◇◇◇

ほどよい明るさの場所で、空気の流れを意識して育てるのがポイントです。暗過ぎると間延びした葉つきになり、次第に葉が小さくなってきてしまいます。また、空気の流れがないと新芽が出づらくなったり葉の色艶が悪くなります。

| | |
|---|---|
| 原産地 | 熱帯アメリカ |
| サイズ | テーブル〜 M |
| 最低気温 | 基本 （10℃まで） |
| 日当たり | 耐陰性あり |
| 育てやすさ | 育てやすい |
| 花言葉 | 壮大な美、華やかな明るさ |
| ペット・赤ちゃん | ✕ 毒あり |

**育て方の詳細**

189

# フィロデンドロン・オキシカルジューム・ブラジル

### ライム色と鮮やかな緑のコントラスト

オキシカルジュームの斑入り種で人気なのがこちらのブラジルです。緑とライム色の2色のグリーンが交ざった葉色で、ひとつひとつ斑の入り方が異なり見応えがあります。明るい雰囲気を演出してくれる、取り入れやすい見た目です。

| | |
|---|---|
| 原産地 | 熱帯アメリカ |
| サイズ | テーブル〜M |
| 最低気温 | 基本（10℃まで） |
| 日当たり | 耐陰性あり |
| 育てやすさ | 育てやすい |
| 花言葉 | 壮大な美、華やかな明るさ |
| ペット・赤ちゃん | ×毒あり |

**育て方の詳細**

**育て方 POINT**

◇◇◇◇◇

オキシカルジュームの育て方ポイントにならって管理します。ハンギングや高い棚上で育てる場合、高い場所は暖かい空気が集まるため、土の乾くスピードが早くなります。特に夏は水切れし過ぎないよう、はじめのうちはこまめに乾き具合を確認しましょう。

# ザミオクルカス・ザミフォーリア

**すっと伸びる多肉質な茎は生命力満点**

肉厚の濃い緑の葉が特徴です。スタイリッシュな見た目と育てやすさで人気の品種です。じっと閉じていた新芽が一気に開く春から夏は見応えがあります。飾りやすいサイズ感で売られているので、セカンドグリーンにもおすすめです。

| | |
|---|---|
| ◎ 原産地 | 東アフリカ、ザンジバル諸島（タンザニア） |
| ⌐⌐ サイズ | テーブル〜XL |
| 🌡 最低気温 | 基本（10℃まで） |
| ☀ 日当たり | 耐陰性あり |
| 💡 育てやすさ | 育てやすい |
| 💬 花言葉 | 輝く未来 |
| 🐨 ペット・赤ちゃん | ×毒あり |

**育て方の詳細**

**育て方 POINT**

◇◇◇◇◇◇

明る過ぎず暗過ぎず、レースカーテン越しの柔らかい日差しで育てます。直射日光は葉焼けを起こし、暗過ぎると株が痩せて葉が細くなり垂れてきてしまいます。また、メリハリのある乾燥気味の水やりを好むので、土をしっかり乾かしてから水やりすることを心がけましょう。

# ザミオクルカス・ザミフォーリア・レイヴン

### 真っ黒な葉がかっこいい

育てやすくスタイリッシュなザミオクルカスの新しい品種で、個性的なブラックリーフが特徴です。お部屋のアクセントになる艶のある黒葉はオンリーワンの存在感。モダンなインテリアにも、カジュアルなインテリアにも馴染みます。

原産地 — 東アフリカ、ザンジバル諸島（タンザニア）

サイズ — テーブル〜XL

最低気温 — 基本（10℃まで）

日当たり — 耐陰性あり

育てやすさ — 育てやすい

花言葉 — 輝く未来

ペット・赤ちゃん — ✕ 毒あり

**育て方の詳細**

### 育て方 POINT

◇◇◇◇◇◇

新芽は緑色で出てきて生長するに従い黒い色味に変わります。生長期の春〜秋は明るい日陰に置いてどんどん新芽を出しましょう。1年を通して乾燥気味に水やりを行います。特に、寒くなると株の動きが止まって根っこを動かさなくなるため水のあげ過ぎに注意です。

# ディフェンバキア・ティキ

育て方 POINT
◇◇◇◇◇◇

冬の寒さが苦手です。床に置いておくと床の底冷えで葉を傷めてしまうことがあります。日当たりがあまり良くないお部屋で育てている場合は、マルチング（→p.49）をしたりプランツスタンドで床から離してあげるなど対策を。水やりは通年乾燥気味に育てます。

**鮮やかな緑の濃淡の散り斑が美しい**

深いグリーンにシルバーホワイトのモザイク柄の斑が入ったとても珍しいディフェンバキアです。生育旺盛なので定期的に植え替えると迫力のある大株に育ちます。耐陰性がありやや水持ちが良いため、珍しい品種を育ててみたい人にもおすすめです。

原産地　熱帯アメリカ

サイズ　テーブル〜M

最低気温　基本（10℃まで）

日当たり　普通

育てやすさ　育てやすい

花言葉　壮大な美、華やかな明るさ

ペット・赤ちゃん　×毒あり

育て方の詳細

# スキンダプサス・トレビー

## マットな質感がシャビーな雰囲気

肉厚の濃緑の葉に、まだらなシルバー模様が入っており、「シラフカズラ」とも呼ばれます。クールで気品のある雰囲気が人気な観葉植物です。つる性植物なので、緩やかに葉が伸びます。耐陰性があり日当たりが悪い屋内でも育てられます。

| | |
|---|---|
| 原産地 | マレー諸島、東南アジア |
| サイズ | テーブル〜M |
| 最低気温 | 基本（10℃まで） |
| 日当たり | 耐陰性あり |
| 育てやすさ | 育てやすい |
| 花言葉 | 小さな愛 |
| ペット・赤ちゃん | × 毒あり |

**育て方の詳細**

### 育て方 POINT

やや暗めの環境のほうがよく育つため、直射日光の当たる窓際や明る過ぎる南窓は避けます。窓から離れた場所か、レースカーテンで和らいだ光が入る場所で管理しましょう。つるが伸びてきたら剪定するか植え替えを行うと、間延びせずきれいな樹形に育ちます。

# スパティフィラム・センセーション

## 爽やかで繊細な模様に見惚れます

育てやすく美しい葉が楽しめることで長い間観葉植物として人気があるスパティフィラム。センセーションは、美しい斑入りの葉が特徴です。斑の入り方は日照条件によって異なるため、同じ株の中でもさまざまな斑が入るのがまた魅力です。

### 育て方 POINT

水を吸うのが速く、水切れさせてしまうことが多い植物です。こまめに土の乾き具合を確認しましょう。水切れの場合は株がぐったりと下がります。その場合は腰水（→p.16,57）をして十分に水分を行きとどかせるようにしましょう。水を吸うと株はまたシャキッと上を向きます。

| | | |
|---|---|---|
| ◎ 原産地 | 熱帯アメリカ、東南アジア | |
| └┘ サイズ | テーブル〜S | |
| 🌡 最低気温 | 基本（10℃まで） | |
| ☀ 日当たり | 普通 | |
| ⚲ 育てやすさ | 普通 | |
| 💬 花言葉 | 上品な淑女、清らかな心 | |
| 🐾 ペット・赤ちゃん | ✕ 毒あり | |

育て方の詳細

195

# アンスリウム・ダコタ

## 真っ赤なアンスリウムの定番種

アンスリウムの花はクリーム色の棒状で、花びらのように見えるのは仏炎苞と呼ばれる葉の一部です。仏炎苞は赤や白、ピンクなどがあります。厚みと艶があり、ハート形のものが人気です。ダコタは定番の赤い仏炎苞で、華やかな観葉植物です。

花

仏炎苞

原産地　熱帯アメリカ〜
　　　　西インド諸島

サイズ　テーブル〜
　　　　M

最低気温　基本
　　　　　（10℃まで）

日当たり　耐陰性あり

育てやすさ　普通

花言葉　情熱

ペット・　×毒あり
赤ちゃん

**育て方の詳細**

### 育て方 POINT

新しく出る葉っぱの数が多いほど花が咲きやすくなります。根が太く生育旺盛な植物なので、根詰まりしていると葉が出なくなったり小さく出たりして花も咲かなくなります。株分けや植え替えをしながら育てると、美しい花をたくさん咲かせることができます。

# アンスリウム・エクリプス

## 育て方 POINT
◇◇◇◇◇◇

小さなサイズで販売されていることが多いため、特に水切れに気をつけて管理しましょう。色が薄い仏炎苞は、暗い時間が長かったり水が多過ぎると茶色いシミができることがあります。柔らかい光が入る明るめの場所で管理すると美しい姿を保つことができます。

## 白い仏炎苞が爽やかな印象です

小型のアンスリウムで、白い仏炎苞が可憐で爽やかな印象です。小型の品種なのでテーブル上や棚上などに気軽に飾れます。アンスリウムは葉が増えるほど花も比例して増える性質があるため、定期的に植え替えをしたり肥料を与えて育てます。

| | | |
|---|---|---|
| ◎ 原産地 | | 熱帯アメリカ〜西インド諸島 |
| ⌴ サイズ | | テーブル〜M |
| 🌡 最低気温 | | 基本（10℃まで） |
| ☀ 日当たり | | 耐陰性あり |
| ❗ 育てやすさ | | 普通 |
| 💬 花言葉 | | 情熱 |
| 🐻 ペット・赤ちゃん | | ✕ 毒あり |

育て方の詳細

197

# Marantaceae

クズウコン科

品種ごとに葉の色・形・柄が異なり、個性的な姿を楽しむこと
ができるリーフ系植物の人気者です。耐陰性も強く部屋に取り
入れやすいため、近年ますます人気が出ています。夕方になる
と、日中開いていた葉を閉じる睡眠運動を行います。水やりの
タイミングがやや難しいため中級者におすすめです。

### POINT 1

個性的な葉っぱ

表と裏の色や模様が異なり、柄
も個性的。インテリア性が高く
おしゃれな雰囲気。

### POINT 2

直射日光はきらい

大きな木の下のような、木漏れ
日程度の明るさを好みます。直
射日光による葉焼けに注意。

### POINT 3

冬の寒さに注意

寒さに弱いため、冬の間は極力
明るく暖かい場所で管理し、根
が冷えないようにする。

# カラテア・ゼブリナ

**緑の濃淡の縞模様が入ったカラテア**

品種ごとに異なる葉色と模様が楽しめる、リーフ系の代表種です。年々新しい品種が流通しています。ゼブリナは緑の濃淡の縞模様が入った品種で、表葉はややビロードがかったような質感です。葉はパリッとハリがあり、大株になります。

| | |
|---|---|
| 原産地 | 熱帯アメリカ |
| サイズ | テーブル〜 M |
| 最低気温 | 基本 （10℃まで） |
| 日当たり | 耐陰性あり |
| 育てやすさ | 難しい |
| 花言葉 | 飛躍、強い気持ち、温かい心 |
| ペット・赤ちゃん | ○ 害なし |

**育て方の詳細**

### 育て方 POINT

水をよく吸うため、保水性のある土か、土の量にやや余裕を持って植えつけると安心です。水切れを起こすと葉が丸まってしまいます。水切れした場合は腰水（→p.16,57）をして様子を見ます。傷んだ葉は冬に剪定すると株が弱ってしまうので、春まで待ってから剪定しましょう。

# カラテア・オルビフォリア

## ライトグリーンの抜き色がおしゃれ

カラテア・オルビフォリアはやや丸みがかった葉の形で、葉の柄はグリーンとシルバーグリーンの色味がストライプに入ったような模様をしています。全体的に軽い明るい雰囲気を持ち、抜き色の観葉植物としておしゃれに飾ることができます。

**育て方 POINT**

オルビフォリアは比較的丈夫な品種で育てやすいのですが、葉色が薄いため強い光には敏感です。光が強過ぎると葉焼けを起こしてしまうのでレースカーテン越しの明るさで育てましょう。夏の水やりや霧吹きも、屋外ではなく屋内で行うと安心です。

| | |
|---|---|
| 原産地 | 熱帯アメリカ |
| サイズ | テーブル〜S |
| 最低気温 | 基本（10℃まで） |
| 日当たり | 耐陰性あり |
| 育てやすさ | 普通 |
| 花言葉 | 飛躍、強い気持ち、暖かい心 |
| ペット・赤ちゃん | ○ 害なし |

**育て方の詳細**

# カラテア・ルフィバルバ

**葉の表面はモケモケした柔らかい毛が生える**

ルフィバルバはカラテアの中でも独特の手触りを楽しめるユニークな品種です。葉の表面は短い柔らかい毛が生えており、じゅうたんのように滑らかな質感です。緑色の表葉に、パープルレッドの裏葉のコントラストがおしゃれです。

| | |
|---|---|
| 原産地 | 熱帯アメリカ |
| サイズ | テーブル〜S |
| 最低気温 | 基本（10℃まで） |
| 日当たり | 耐陰性あり |
| 育てやすさ | 普通 |
| 花言葉 | 飛躍、強い気持ち、温かい心 |
| ペット・赤ちゃん | ○害なし |

育て方の詳細

## 育て方 POINT

高温多湿を好みます。霧吹きをしながら暖かい場所で育てましょう。また、強い光を浴びると葉が黄色くなってしまうのでやや日陰で管理します。葉に短い毛が生えているので、ちりやほこりが溜まらないように定期的にシャワーで葉を洗い流しましょう。

# カラテア・マコヤナ

## 手で描いたような葉っぱ模様が特徴

葉っぱに葉っぱの絵を描いたような個性的な模様が特徴です。表葉は緑の濃淡、裏葉はパープルレッドが入ります。カラテアは夜になると葉を立てて睡眠運動を行いますが、睡眠運動の際はこの葉色のコントラストが美しく見応えがあります。

| | |
|---|---|
| 原産地 | 熱帯アメリカ |
| サイズ | テーブル〜M |
| 最低気温 | 基本（10℃まで） |
| 日当たり | 耐陰性あり |
| 育てやすさ | 普通 |
| 花言葉 | 飛躍、強い気持ち、温かい心 |
| ペット・赤ちゃん | ○ 害なし |

育て方の詳細

### 育て方 POINT

◇◇◇◇◇◇

ほかのカラテア同様に、夏の直射日光と冬の寒さに気をつけましょう。特に、冬に霧吹きをする際は寒い日や夕方に行ってしまうと、葉に水分が残ったままになり、水が冷えてそこから葉が傷んでしまいます。冬の間は霧吹きをやめて葉を拭く程度でもよいでしょう。

# カラテア・ホワイトスター

**生育が難しいけれどチャレンジしたい逸品**

カラテアの中では流通量が少ない品種です。茎はスッと上に伸び、茎の先端に細長い形の葉をつけます。深緑とシルバーグリーンのストライプ柄で、葉の中央にじんわりとピンク色が浮かび上がります。明るい場所のほうが葉色がよく出ます。

## 育て方 POINT

生育が難しい品種です。適度な明るさと風通し、寒さに当てないことを心がけ、日々観察しながら育てます。特に季節の変わり目は葉に異常がないか気にしましょう。環境が合わないと葉にシミができたり、葉先が茶色く枯れてしまったりすることがあります。

| | | |
|---|---|---|
| ◎ 原産地 | 熱帯アメリカ | |
| └┘ サイズ | テーブル〜 S | |
| 🌡 最低気温 | 基本 （10℃まで） | |
| ☀ 日当たり | 耐陰性あり | |
| ❗ 育てやすさ | 難しい | |
| 💬 花言葉 | 飛躍、強い気持ち、温かい心 | |
| 🐨 ペット・赤ちゃん | ○ 害なし | |

育て方の詳細

# カラテア・オルナータ

### ブラック×ピンクの攻めたカラー

ほとんどブラックに近い深緑色の艶のある葉を持ちます。そこに、ペンで描いたようなピンク色のラインが入る独特の葉模様をしているのがオルナータです。葉裏はパープルレッド。モダンなスタイルのインテリアにぴったりです。

育て方 **POINT**

◇◇◇◇◇◇

オルナータは冬の寒さに特に敏感です。冬の間にいかに状態を維持できるかがポイントです。床置きしている鉢はプランツスタンドなどを使い床から離し、暖房器具をうまく活用しながらできるだけ暖かい場所で育てましょう。水やりも常温で暖かい時間に行います。

原産地　熱帯アメリカ

サイズ　テーブル〜S

最低気温　基本（10℃まで）

日当たり　耐陰性あり

育てやすさ　普通

花言葉　飛躍、強い気持ち、温かい心

ペット・赤ちゃん　○ 害なし

**育て方の詳細**

# マランタ・レウコネウラ・ファッシアータ

## 蝶々のような鮮やかな葉模様が楽しめる

蝶々のような独特の葉模様がとても美しい。表葉は緑の濃淡が独特の模様を作り、その上にピンクのライン、裏葉はパープルです。植物の茎や枝が地面を這うように伸びる性質があるため、ふわふわと垂れるようにボリュームが出ます。

### 育て方 POINT

◇◇◇◇◇◇

水切れしているのが葉の表情に出づらいため、気づいたら土が乾き切っていて葉が茶色く枯れてしまった、ということが多いです。こまめに土の乾き具合を確認しましょう。水が切れると葉がクシュッと縮んでしまいます。強過ぎる光による葉焼けにも気をつけましょう。

| | |
|---|---|
| 原産地 | 熱帯アメリカ |
| サイズ | テーブル〜M |
| 最低気温 | 基本（10℃まで） |
| 日当たり | 耐陰性あり |
| 育てやすさ | 普通 |
| 花言葉 | 永遠の富、温かい祈り |
| ペット・赤ちゃん | ×害あり |

育て方の詳細

# ストロマンテ・トリオスター

## ピンク、クリーム、グリーンの3色リーフ

表葉のピンク、クリーム、グリーンの3色の色味が名前の由来です。裏葉はレッドパープルで、和名の「ウラベニショウ」の名の通りです。夜になると睡眠運動で葉が上を向き、美しい葉色のコントラストが楽しめる、おしゃれなひと鉢です。

| | |
|---|---|
| 原産地 | 南アメリカ、ブラジル |
| サイズ | テーブル〜M |
| 最低気温 | 基本（10℃まで） |
| 日当たり | 耐陰性あり |
| 育てやすさ | 難しい |
| 花言葉 | 強い気持ち、温かい心 |
| ペット・赤ちゃん | ○害なし |

育て方の詳細

### 育て方 POINT

〰〰〰〰

湿度が高い状況を好みます。暖かい時期は、土の表面がしっかり乾いていたら土がカラカラに乾き切る前に水やりをしてもよいでしょう。耐寒性はカラテアよりもやや強く安心です。生長期に明るめの場所で風を通して管理することで、葉の色味が美しくなります。

# Apocynaceae

## キョウチクトウ科

キョウチクトウ科の観葉植物は、肉厚な葉や太い幹を持ち乾燥に強い性質を持っており、育てやすさが魅力です。また、見応えのある花を咲かせる品種も多いのが特徴。近年人気のコーデックス（塊根植物）は、この科のアデニウムやパキポディウム。種から発芽させて育てた実生苗も多く流通し、コレクターが増えています。

---

**POINT 1**

### 乾燥に強い

ぷっくり肉厚な葉やたっぷり太った幹を持ち、水を蓄えられるため乾燥に強い。

---

**POINT 2**

### 花が咲く

ホヤやディスキディアはかわいらしい小花を、アデニウムは大きく華やかな花を咲かせる。

---

**POINT 3**

### 人気種にチャレンジ！

比較的小鉢から手に入るため、はじめてのコーデックスにもチャレンジしやすい。

# ディスキディア・ヌンムラリア

## 丸い肉厚な葉っぱが連なりかわいらしい

東南アジアの熱帯雨林が原産のつる性の植物で、自生地では岩や木の幹に着生して育っています。そのため、茎からは短い根っこのような気根が出ており、近くにつかまる場所を見つけると着生して育ちます。ヌンムラリアは丸葉がかわいい品種です。

| | |
|---|---|
| 原産地 | オーストラリア、東南アジア |
| サイズ | テーブル〜M |
| 最低気温 | 基本（10℃まで） |
| 日当たり | 普通 |
| 育てやすさ | 育てやすい |
| 花言葉 | 平和 |
| ペット・赤ちゃん | ×毒あり |

育て方の詳細

# ディスキディア・ルスキフォリア

### ハート形の多肉質な葉が特徴です

ルスキフォリアは、「ミリオンハート」の流通名があるように小さなハート形の葉が連なるように垂れ下がり育ちます。多肉質の葉と張りのある茎を持ちます。生育旺盛な品種で、元気良く葉を伸ばしボリュームいっぱいに育ちます。

| | |
|---|---|
| ⊙ 原産地 | オーストラリア、東南アジア |
| ⌴ サイズ | テーブル〜M |
| 🌡 最低気温 | 基本（10℃まで） |
| ☀ 日当たり | 普通 |
| ⚲ 育てやすさ | 育てやすい |
| 💬 花言葉 | 平和 |
| 🐻 ペット・赤ちゃん | ×毒あり |

育て方の詳細

### 育て方 POINT

◇◇◇◇◇◇

水やりは乾燥気味を心がけます。葉っぱ同士がひっかかり絡まりやすくお手入れの際に葉がもげてしまう事故が多いです。ひっかけないように慎重に扱いましょう。また、葉がもげたときに白い樹液が出ます。触るとかぶれることがあるので気をつけてください。

# アデニウム・オベスム

## 砂漠のバラの愛称で呼ばれるアデニウム

砂漠のバラとも呼ばれ、成熟すると薄ピンク〜赤の華やかな花を咲かせます。株元が肥大する塊根植物で、寒くなると葉を落とし休眠します。ひとつひとつ株の趣が異なるのも魅力。オベスムは丸みのある幹が特徴で、枝葉は上に向かって展開します。

---

📍 東アフリカ〜
アラビア南部
**原産地**

⊔ テーブル〜
M
**サイズ**

🌡 基本
（10℃まで）
**最低気温**

☀ 明るい場所
**日当たり**

⚐ 難しい
**育てやすさ**

💬 一目惚れ、
純粋な心
**花言葉**

🐻 ×毒あり
**ペット・
赤ちゃん**

**育て方の詳細**

**育て方 POINT**

◇◇◇◇◇◇◇

春〜秋は屋外に出し、土が乾いたら水やりします。必ず株を触り株が根腐れで柔らかくなっていないか確認を。秋になり涼しくなる前に屋内に戻し、暖かい場所で管理します。冬に葉を落とし休眠したら断水し、葉をつけているようなら頻度と量を減らして水を与えます。

# パキポディウム・グラキリス

## 塊根植物といったらコレというほど人気です

まるまると肥大した塊根部分が最大の見どころのパキポディウム・グラキリス。塊根植物人気に火をつけました。自生地のマダガスカルは乾燥した過酷な環境のため、その過酷な環境を生き抜くために水分を塊根部に溜めて肥大化しました。

### 育て方 POINT

アデニウムの育て方にならい、できるだけ明るく暖かい場所で管理します。夏の蒸れや水のやり過ぎの過湿に弱いので、生育期は鉢の中の水分が乾ききってからたっぷり水を与えるようにします。秋から徐々に水やりを減らし、冬は落葉したら断水します。

| | |
|---|---|
| 原産地 | マダガスカル |
| サイズ | テーブル〜M |
| 最低気温 | 基本（10℃まで） |
| 日当たり | 明るい場所 |
| 育てやすさ | 普通 |
| 花言葉 | 永遠の愛 |
| ペット・赤ちゃん | ×毒あり |

**育て方の詳細**

# パキポディウム・デンシフローラム

## 全身に棘をまとった個性的な見た目

こちらもマダガスカル原産の人気の塊根植物で、黄色い花を咲かせます。性質も丈夫で育てやすく、はじめての方にもおすすめです。株全身に棘が生えた個性的な見た目は見ていて飽きません。

原産地 マダガスカル

サイズ テーブル〜M

最低気温 基本（10℃まで）

日当たり 明るい場所

育てやすさ 普通

花言葉 永遠の愛

ペット・赤ちゃん ×毒あり

育て方の詳細

# Bromeliaceae

## パイナップル科

アメリカ大陸の熱帯・亜熱帯に自生している植物で、岩場やほかの植物に着生して育つものもいれば、砂漠に根を下ろして育つものもいます。限られた水分で生き延びられるように進化した品種が多く、空気中の水分と窒素を葉から吸収して育つエアプランツはこの科の植物です。見た目も個性的なものが多い。

---

**POINT 1**

### 土なしで育てられる

エアプランツやネオレゲリアは葉から水分を吸収できるため、土がなくても育てられる。

---

**POINT 2**

### 個性的な見た目

色や形が豊富なパイナップル科。ちょっと変わった植物を育てたい人におすすめ。

---

**POINT 3**

### 水が大好き

原生地と比べると日本は湿度が低いため、水やりはこまめに。毎日霧吹きしてもOK。

# ウスネオイデス

## 意外と水を好みます

土が不要な観葉植物として人気のエアプランツ。空中の窒素と
水分を葉から吸収し育ちます。ふわふわと糸のような白い姿が
特徴で、葉の表面には短い毛のようなものが生えており、日光
から身を守り水分を絡めとる役割があるとされています。

**育て方 POINT**

◇◇◇◇◇◇

ウスネオイデスは葉が細いた
めすぐ乾燥します。ソーキン
グ（＊）で水やりをして安心し、
しばらく放っておいてしまうと
乾燥して茶色くなってしまうこ
とも。毎日こまめに霧吹きをし
ながら育てるほうが葉っぱがき
れいに育ちます。置き場所は風
通しの良い場所を選びます。

| | |
|---|---|
| 原産地 | 中南米 |
| サイズ | － |
| 最低気温 | 強い（5℃まで） |
| 日当たり | 普通 |
| 育てやすさ | 普通 |
| 花言葉 | 不屈 |
| ペット・赤ちゃん | ○害なし |

**育て方の詳細**

＊たっぷりの水にエアプランツを浸して3〜
4時間置いておくこと。たっぷり水を吸うの
で、乾燥気味の株に行うとより効果がある。

# キセログラフィカ

## エアプランツの王様と呼ばれています

エアプランツの王様と言われており、シルバーグリーンのカールした葉が花のよう。薄紫色の花が咲きます。葉の根元が重なり合うようになっており、そこに雨水を溜めて水や窒素分を吸収しています。水やりはソーキングか霧吹きで。

| | |
|---|---|
| 原産地 | 中南米 |
| サイズ | — |
| 最低気温 | 強い（5℃まで） |
| 日当たり | 明るい場所 |
| 育てやすさ | 普通 |
| 花言葉 | 不屈 |
| ペット・赤ちゃん | ○害なし |

**育て方の詳細**

### 育て方 POINT

明るく風通しの良い場所で管理します。空気の流れがない場所だと水やり後の水分が抜けず株が傷んでしまう原因になったり、生育に必要な新鮮な空気が取り込めず株がうまく育ちません。水やりはソーキングか霧吹きで、水やり後は株を逆さまにしてよく水を切りましょう。

# クリプタンサス

## パイナップルの仲間で花も咲かせる

ギザギザ尖った硬い葉を持ちます。上から見ると株全体が星のような形をしているため、英語では「アース・スター」とも呼ばれています。 品種によって葉の色や模様が異なり、色味も奇抜なものが多いです。耐寒性もあり育てやすく生育は緩やか。

育て方 **POINT**

◇◇◇◇◇◇

置き場は直射日光が当たらない明るい場所を選ぶとよいでしょう。蒸れを嫌うので、水やりは乾燥気味に与えます。水やりの際、葉の付け根の部分に水が溜まるとそこから傷んでしまうので、水やりは株元にかからないように土だけにかかるように注意します。

| | |
|---|---|
| 原産地 | ブラジル、南米 |
| サイズ | テーブル |
| 最低気温 | 基本（10℃まで） |
| 日当たり | 耐陰性あり |
| 育てやすさ | 育てやすい |
| 花言葉 | たくわえる、大切な気持ち |
| ペット・赤ちゃん | ○ 害なし |

育て方の詳細

# ネオレゲリア・クウェール

### 赤い色味にライトグリーンのスポットが入る

ネオレゲリアは、熱帯アメリカに約70種が分布しており、木の幹や岩に着生して育っています。筒状の葉の中に水を溜め、葉縁には短い棘があります。乾燥に強く育てやすく、品種により色模様が異なるため、観葉植物として人気が出ました。

## 育て方 POINT

ネオレゲリアは筒状になった葉の付け根に水を溜めるような水やりをします。生育期は葉全体に水をかけ、筒に水がなくなったら追加します。冬にかけては頻度を徐々に減らし、真冬は週に1回を目安に日中水やりをし、寒くなる夜の前に筒に残っている水を捨てましょう。

| | |
|---|---|
| 原産地 | 熱帯アメリカ |
| サイズ | テーブル〜S |
| 最低気温 | 基本（10℃まで） |
| 日当たり | 耐陰性あり |
| 育てやすさ | 育てやすい |
| 花言葉 | 博愛 |
| ペット・赤ちゃん | ○害なし |

育て方の詳細

# ネオレゲリア・アルティマ

**ライムグリーンの爽やかな色味**

アルティマは、小さく控えめですが花も咲かせます。ロゼット
状の筒状の葉の中心に水が溜まった部分から花が咲きます。花
が咲くとその株は生長が止まり、やがて下から子株が出てきま
す。花を咲かせた株はゆるやかに終わります。

| | |
|---|---|
| 📍 原産地 | 熱帯アメリカ |
| 📐 サイズ | テーブル〜 S |
| 🌡 最低気温 | 基本 (10℃まで) |
| ☀ 日当たり | 耐陰性あり |
| ❗ 育てやすさ | 育てやすい |
| 💬 花言葉 | 博愛 |
| 🐻 ペット・赤ちゃん | ○ 害なし |

**育て方の詳細**

### POINT

◇◇◇◇◇◇

葉が薄い色のネオレゲリアは明
る過ぎる場所に置くと光が強過
ぎて葉焼けしてしまいます。ア
ルティマのような色味が薄い品
種は特に、やや日陰になる場所
で管理しましょう。冬は株に水
を溜める方法ではなく、霧吹き
だけで管理するのでも育ちます。

# ネオレゲリア・ディープパープル

## まるで花が咲いたような華やかさ

艶のある美しい紫色の葉が四方に広がる姿は、小さくても高級感にあふれたひと鉢です。ディープパープルのように葉の先端が尖っているネオレゲリアは、風水では「邪気をはらう」効果があるとも言われています。育てやすさでも人気です。

### 育て方 POINT

ディープパープルのように暖色の濃い色の品種は、日光に当てると色が鮮やかになります。生育期は葉焼けに気をつけながら、窓際に置いておくと葉の色艶が良くなります。肥料はほとんどいりませんが、生育期に薄めた液肥を水やりの際に与えてもよいでしょう。

| | |
|---|---|
| 原産地 | 熱帯アメリカ |
| サイズ | テーブル〜S |
| 最低気温 | 基本（10℃まで） |
| 日当たり | 耐陰性あり |
| 育てやすさ | 育てやすい |
| 花言葉 | 博愛 |
| ペット・赤ちゃん | ○害なし |

育て方の詳細

ECOPOTS

**観葉植物インデックス**　＊下線はCHAPTER 4 の観葉植物図鑑で詳しく紹介しているページです。

いつもの部屋に、
お気に入りの眺めを作ろう！
私たちが私たちらしく
過ごす時間のために。

佐藤桃子

## アンドプランツ

「部屋に、眺めを。」をコンセプトに、みどりのある暮らしを提案する観葉植物・お花のオンラインストア。株式会社Domuzが運営。ライフスタイルに合わせた独自の「パーソナル植物診断」や「世界初の植物AR」機能を通じて、ひとりひとりの好みに合った商品をセレクト。環境に配慮したプランターとのコーディネートにより、気軽に観葉植物を生活に取り入れることができるサービスを展開している。

**佐藤桃子**（アンドプランツ）

ハウスメーカーで造園・観葉植物などに携わったのち、観葉植物専門店の店長としてトータルでプロデュースを手掛ける。2022年より、SNSフォロワー10万超えの人気ECサイト「アンドプランツ」のプランツマネージャーに。著書に『INTERIOR GREEN 観葉植物と日常』（ブティック社）。『選び方・育て方のコツがわかる！ 観葉植物を楽しむ教科書』（ナツメ社）ほか、監修本多数。

https://andplants.jp/

**STAFF**

| | |
|---|---|
| 装丁・本文デザイン | 三上祥子（Vaa） |
| イラスト | 二本松マナカ |
| 撮影 | 丸山太一（PHOTORATIO） |
| 校正 | 鷗来堂 |
| 編集協力 | 松本倫英子 |
| 企画編集 | 望月久美子（日東書院本社） |

選び方、育て方〜花言葉までぜんぶわかる！

（決定版）**よくわかる観葉植物**

2024年 4月10日　初版第1刷発行
2024年10月25日　初版第2刷発行

| | |
|---|---|
| 著　者 | 佐藤桃子 |
| 発行者 | 廣瀬和二 |
| 発行所 | 株式会社日東書院本社 |

〒113-0033　東京都文京区本郷1丁目33番13号

春日町ビル5F

TEL 03-5931-5930（代表）

FAX 03-6386-3087（販売部）

URL http://www.TG-NET.co.jp

印刷所　三共グラフィック株式会社

製本所　株式会社セイコーバインダリー